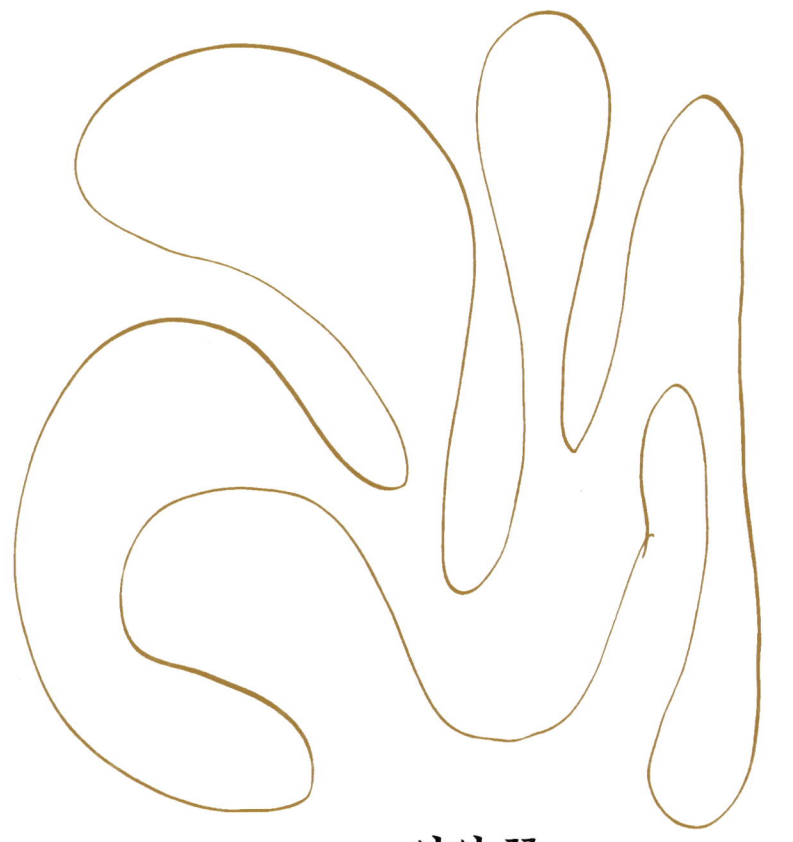

악의 꽃
보들레르 × 마티스

| 일러두기 |

1. 이 책은 샤를 보들레르의 시와 앙리 마티스의 드로잉을 엮은 것으로 2016년 Editions-Hazan 판본을 참조하였습니다.
2. 각주는 *로 표기하였습니다.

LA PRÉSENTE ÉDITION, QUI A ÉTÉ TIRÉE A 320 EXEMPLAIRES SUR PAPIER DE RIVES, DONT 300 NUMÉROTÉS DE 1 A 300 ET 20 EXEMPLAIRES DE COLLABORATEURS HORS COMMERCE DE A À T, COMPORTE UNE EAU-FORTE ORIGINALE SUR CHINE, TRENTE-TROIS PHOTO-LITHOS ORIGINALES, SOIXANTE-NEUF DESSINS ORIGINAUX DE HENRI MATISSE (LETTRINES, CULS-DE-LAMPE, ORNEMENTS DE PLEINE PAGE) GRAVÉS SUR BOIS ET UNE COUVERTURE SPÉCIALEMENT DESSINÉE POUR CE LIVRE. TOUS LES EXEMPLAIRES ONT ÉTÉ SIGNÉS PAR L'ARTISTE. APRÈS TIRAGE, CUIVRE, PIERRES ET BOIS ONT ÉTÉ RAYÉS.

EXEMPLAIRE N° 263

H. Matisse

악의 꽃

보들레르 × 마티스

샤를 보들레르 지음 | 앙리 마티스 엮고 그리다

이효숙 옮김

더스토리

차례

Charles Baudelaire
×
Henri Matisse

축복 Bénédiction ___ 9

알바트로스 L'Albatros ___ 23

이전의 삶 La Vie antérieure ___ 27

인간과 바다 L'Homme et la Mer ___ 31

아름다움 La Beauté ___ 35

춤추는 뱀 Le Serpent qui danse ___ 39

레테 강 Le Léthé ___ 45

사후의 회한 Remords Posthume ___ 51

고양이 (사랑에 빠진 내 마음으로 오렴…) Le chat ___ 55

너무 명랑한 여인에게 A celle qui est trop gaie ___ 59

고백 Confession ___ 65

크레올 부인에게 À une dame créole ___ 71

오후의 노래 Chanson d'après-midi ___ 75

가을 소네트 Sonnet d'automne ___ 81

머리타래 La Chevelure ___ 85

살아 있는 횃불 Le Flambeau Vivant ___ 91

여행으로의 초대 L'Invitation au Voyage ___ 95

거짓에 대한 사랑 L'amour du mensonge ___ 101

분수 Le Jet d'eau ___ 107

말라바르 여인에게 A une Malabaraise ___ 113

자정의 점검 L'examen de minuit ___ 119

어느 이카루스의 탄식 Les Plaintes d'un Icare ___ 125

명상 Recueillement ___ 129

이국적인 향기 Parfum exotique ___ 133

나는 밤의 궁륭만큼이나 너를 숭배한다 ___ 137
Je t'adore à l'égal de la voûte nocturne

너는 침대 곁에 온 우주를 둘 것이다 ___ 141
Tu mettrais l'univers entier dans ta ruelle

그러나 만족하지는 못하는 Sed non satiata ___ 145

너울거리는 진줏빛 옷을 입고 있어서 ___ 149
Avec ses vêtements ondoyants et nacrés,

향수 Le parfum ___ 153

저녁의 화합 Harmonie du soir ___ 157

슬프고 방황하는 Moesta et errabunda ___ 161

베르트의 눈 Les yeux de Berthe ___ 167

여기서 아주 멀리 Bien loin d'ici ___ 171

작품해설 | 앙리 마티스의 그림, 그리고 샤를 보들레르의 시 ___ 174
샤를 보들레르 연보 ___ 179
앙리 마티스 연보 ___ 183

축복*
Bénédiction

그 '시인'이 지고한 권세의 명령에 따르며
이 지루해진 세상에 등장할 때,
그의 어머니는 극심한 공포로 불경한 말을 퍼부으며
신을 향해 두 주먹을 꽉 쥐는데, 신은 그녀를 동정한다.

"아! 나는 비웃음거리를 양육하느니 차라리
독사를 무더기로 낳는 게 낫지 않았을까!
나의 배가 속죄를 수태하던
그 덧없는 쾌락의 밤이 저주스럽구나!

"네가 모든 여인들 중에서 나를 선택하여
내 처량한 남편의 역겨움이 되었고,
나는 그 시들시들한 괴물을 불길 속에
연서(戀書)처럼 던져버릴 수 없으므로,

---

* 이 시는 보들레르의 Spleen et Idéal(우울과 이상) 부분에서 처음 등장하는 시이다. 여기서 'spleen'이라는 단어는 낭만주의적 멜랑콜리를 가리키는 것이기보다는 신학적이고 존재론적인 맥락에서 사용되어 회개와 침체를 동반하는 도덕적 죄책감을 가리킨다. 우울함 또는 비탄에 가까운 심리상태라고 할 수 있다.

"네 심술들의 저주스런 도구 위에서 나를 짓누르는
너의 증오를 나는 솟구치게 할 것이며,
그 비참한 나무를 너무도 잘 비틀어놓아서
악취 풍기는 싹들은 자랄 수 없게 되리라!"

그녀는 그렇게 증오의 거품을 삼키고,
영원의 계획을 이해하지 못해서
어미로서 저지른 범죄에 바쳐질 화형대를
게엔나* 구석에서 스스로 준비한다.

그렇지만 상속권을 박탈당한 '아이'는
어느 '천사'의 보이지 않는 가호 아래 태양에 도취되고,
마시고 먹는 모든 것들 속에서
신들의 음식과 진홍빛 신주(神酒)를 다시 누린다.

---

* 예루살렘의 남서쪽에 위치한 좁고 깊은 계곡. 이 계곡은 오래 전에 우상을 숭배하던 곳이었다가 이어서 악취가 멀리까지 풍기는 쓰레기장이 되었다. 문학 속에서 끔찍한 고통의 장소나 죄인들이 죽은 후 가는 곳의 은유적인 표현으로 쓰이곤 한다.

그는 바람과 장난치고, 구름과 담소하고,
십자가의 길을 노래하며 도취되는데,
순례에서 그를 따라다니는 '성령'은
그가 수목의 새처럼 즐거워하는 모습을 보며 슬퍼한다.

그가 사랑하려 하는 이들은 모두 두려워하며
그를 관찰하거나, 그가 평온히 있으면 대담해져서
그를 탓할 수 있을 만한 사람을 물색하고
자신들의 잔악함을 그에게 시험해본다.

그들은 그의 입으로 들어갈
빵과 포도주에다 재와 더러운 가래를 섞는다.
그들은 그가 만지는 것을 위선을 떨며 내던지고
그의 발자취에 발 들인 것에 대해 자책한다.

그의 아내는 공공장소에서 소리 지르며 다닌다.
"그가 나를 꽤 아름답다고 여기고 숭배하므로,
나는 고대 우상들의 역할을 할 것이고,
그들처럼 다시 금박으로 입혀지고 싶다.

"그러면 나는 감송, 향, 몰약, 아첨,
고기, 포도주에 물리도록 취할 것이다.
나를 찬미하는 어느 마음에서, 신에 대한 경배를
웃으며 횡령할 수 있을지 알아보기 위하여!

"그 불경스런 장난에 싫증이 날 때면,
나의 가냘프면서도 강한 손을 그에게 얹을 것이고,
하르퓌아*의 손톱과도 같은 내 손톱은
그의 심장까지 파고들어갈 수 있으리라.

* 폭풍과 죽음을 다스리는 새의 몸에다 여자 얼굴을 한 괴물. 비유적으로는 욕심이 사납거나 심술궂은 여자를 가리킨다.

"바들바들 떨며 파닥거리는 아주 어린 새처럼
그의 가슴에서 새빨간 심장을 뽑아낼 것이고,
내가 좋아하는 짐승을 포식시키기 위해
땅바닥에 그 심장을 경멸하며 내던질 것이다!"

태연한 '시인'이 찬란한 옥좌가 눈에 보이는
'하늘'을 향해 경건히 팔을 들어 올리자,
명철한 정신의 방대한 섬광들이 그로 하여금
성난 백성들의 모습을 보지 못하게 한다.

"우리의 타락에 대한 신성한 치유와도 같고,
강자들에게 성스런 쾌락을 준비시키는
가장 좋은 순수한 정수(精髓)와도 같은
고통을 주는 나의 신이여, 축복 받으소서!"

"당신이, 성스런 군단의 복자(福者) '대열'에
그 '시인'을 위한 자리 하나를 마련해두고,
좌천사, 역품천사, 주천사들의 영원한 축제에
그를 초대한다는 것을 나는 알고 있다."

"괴로움은, 이승과 저승이 결코
파고들지 못할 유일한 고귀함이며,
나의 신비로운 왕관을 엮기 위해서는
온 시간과 온 우주를 부과해야 함을 나는 알고 있다."

"하지만 고대 팔미라의 잃어버린 보석들,
미지의 금속들, 바다의 진주들은,
당신의 손으로 박는다 해도, 눈부시고 환한
그 아름다운 왕관에 못 미칠 것이다."

"그 왕관은 태초의 빛줄기의 성스런 진원에서 퍼낸
순수한 빛으로만 만들어질 것이며,
그 빛줄기들의 흠 없는 찬란함 속에서 인간의 눈은
그저 흐려져서 탄식하는 반사경일 뿐이니까."

Bénédiction

Lorsque, par un décret des puissances suprêmes,
Le Poète apparaît en ce monde ennuyé,
Sa mère épouvantée et pleine de blasphèmes
Crispe ses poings vers Dieu, qui la prend en pitié:

Ah! que n'ai-je mis bas tout un nœud de vipères,
Plutôt que de nourrir cette dérision!
Maudite soit la nuit aux plaisirs éphémères
Où mon ventre a conçu mon expiation!

Puisque tu m'as choisie entre toutes les femmes
Pour être le dégoût de mon triste mari,
Et que je ne puis pas rejeter dans les flammes,
Comme un billet d'amour, ce monstre rabougri,

"Je ferai rejaillir la haine qui m'accable
Sur l'instrument maudit de tes méchancetés,
Et je tordrai si bien cet arbre misérable,
Qu'il ne pourra poussa ses boutons empestés!

Elle ravale ainsi l'écume de sa haine,
Et, ne comprenant pas les desseins éternels,
Elle-même prépare au fond de la Géhenne
Les bûchers consacrés aux crimes maternels.

Pourtant, sous la tutelle invisible d'un Ange,
L'Enfant déshérité s'enivre de soleil,
Et dans tout ce qu'il boit et dans tout ce qu'il mange
Retrouve l'ambroisie et le nectar vermeil.

Il joue avec le vent, cause avec le nuage
Et s'enivre en chantant du chemin de la croix;
Et l'Esprit qui le suit dans son pèlerinage
Pleure de le voir gai comme un oiseau des bois.

Tous ceux qu'il veut aimer l'observent avec crainte,
Ou bien, s'enhardissant de sa tranquillité,
Cherchent à qui saura lui tirer une plainte,
Et font sur lui l'essai de leur férocité.

Dans le pain et le vin destinés à sa bouche
Ils mêlent de la cendre avec d'impurs crachats;

Avec hypocrisie ils jettent ce qu'il touche,
Et s'accusent d'avoir mis leurs pieds dans ses pas.

Sa femme va criant sur les places publiques:
« Puisqu'il me trouve assez belle pour m'adorer,
Je ferai le métier des idoles antiques,
Et comme elles je veux me faire redorer;
Et je me soûlerai de nard, d'encens, de myrrhe,
De génuflexions, de viandes et de vins,
Pour savoir si je puis dans un cœur qui m'admire
Usurper en riant les hommages divins!

Et, quand je m'ennuîrai de ces farces impies,
Je poserai sur lui ma frêle et forte main;
Et mes ongles, pareils aux ongles des harpies,
Sauront jusqu'à son cœur se frayer un chemin.

Comme un tout jeune oiseau qui tremble et qui palpite,
J'arracherai ce cœur tout rouge de son sein,
Et, pour rassasier ma bête favorite,
Je le lui jetterai par terre avec dédain!

Vers le Ciel, où son œil voit un trône splendide,
Le Poète serein lève ses bras pieux,
Et les vastes éclairs de son esprit lucide
Lui dérobent l'aspect des peuples furieux:

Soyez béni, mon Dieu, qui donnez la souffrance
Comme un divin remède à nos impuretés,
Et comme la meilleure et la plus pure essence
Qui prépare les forts aux saintes voluptés!

Je sais que vous gardez une place au Poète
Dans les rangs bienheureux des saintes Légions,
Et que vous l'invitez à l'éternelle fête
Des Trônes, des Vertus, des Dominations.

Je sais que la douleur est la noblesse unique
Où ne mordront jamais la terre et les enfers,
Et qu'il faut pour tresser ma couronne mystique
Imposer tous les temps et tous les univers.

Mais les bijoux perdus de l'antique Palmyre,
Les métaux inconnus, les perles de la mer,
Par votre main montés, ne pourraient pas suffire
A ce beau diadème éblouissant et clair;

Car il ne sera fait que de pure lumière,
Puisée au foyer saint des rayons primitifs,
Et dont les yeux mortels, dans leur splendeur entière,
Ne sont que des miroirs obscurcis et plaintifs!

알바트로스
L'Albatros

가혹한 구렁 위로 미끄러지듯 가는 선박을
느긋한 여행 동반자가 되어 따라오는
바다의 거대한 새 알바트로스,
종종 뱃사람들이 재미 삼아 붙잡는다.

그들이 알바트로스들을 바닥에 놓자마자
그 창공의 왕들은 몸둘바를 몰라 수치스러워서,
노처럼 양쪽에서 질질 끌리는
희고 커다란 날개를 힘없이 내버려둔다.

날개 달린 그 여행자들은 어찌나 어설프고 털이 많은지!
이전에는 그토록 아름답더니, 이제는 어찌나 우습고 추한지!
한 선원이 담배파이프로 부리를 자극하고,
또 한 선원이 절뚝거리며 불구가 된 새를 흉내 낸다!

시인은 태풍에 들러붙어
궁수를 비웃는 구름 왕자와 비슷하고,
시인의 거대한 날개는, 빗발치는 야유 속에
바닥으로 추방된 그 새를 걷지도 못하게 방해한다.

L'Albatros

Souvent, pour s'amuser, les hommes d'équipage
Prennent des albatros, vastes oiseaux des mers,
Qui suivent, indolents compagnons de voyage,
Le navire glissant sur les gouffres amers.

A peine les ont-ils déposés sur les planches,
Que ces rois de l'azur, maladroits et honteux,
Laissent piteusement leurs grandes ailes blanches
Comme des avirons traîner à côté d'eux.

Ce voyageur ailé, comme il est gauche et veule!
Lui, naguère si beau, qu'il est comique et laid!
L'un agace son bec avec un brûle-gueule,
L'autre mime, en boitant, l'infirme qui volait!

Le Poète est semblable au prince des nuées
Qui hante la tempête et se rit de l'archer;
Exilé sur le sol au milieu des huées,
Ses ailes de géant l'empêchent de marcher.

이전의 삶

La Vie antérieure

바다의 햇빛이 숱한 불빛들로 물들이고,
저녁이면 곧고 웅장한 기둥들이
현무암 동굴같이 만들어놓은 광대한 주랑(柱廊) 아래서
나는 오래도록 살았다.

높은 파도들이 하늘의 형상들을 감싸말면서
그들의 풍요한 음악의 전능한 화음들을,
내 눈을 통해 투영되는 석양의 색깔들에
성대하고 신비롭게 뒤섞곤 했다.

바로 거기서 나는 고요한 관능 속에 살았다.
창공, 파도, 광채, 그리고 향기가 푹 배어든
나체 노예들 한가운데서.

그 노예들은 종려나무 잎사귀로 내 이마를 식혀주었는데,
그들이 정성들이는 거라고는 오로지
나를 번민케 하는 괴로운 비밀을 심화시키는 것이었다.

La Vie antérieure

J'ai longtemps habité sous de vastes portiques
Que les soleils marins teignaient de mille feux,
Et que leurs grands piliers, droits et majestueux,
Rendaient pareils, le soir, aux grottes basaltiques.

Les houles, en roulant les images des cieux,
Mêlaient d'une façon solennelle et mystique
Les tout-puissants accords de leur riche musique
Aux couleurs du couchant reflété par mes yeux.

C'est là que j'ai vécu dans les voluptés calmes,
Au milieu de l'azur, des vagues, des splendeurs
Et des esclaves nus, tout imprégnés d'odeurs,

Qui me rafraîchissaient le front avec des palmes,
Et dont l'unique soin était d'approfondir
Le secret douloureux qui me faisait languir.

인간과 바다

L'Homme et la Mer

자유인이여, 너는 바다를 늘 소중히 여길 것이다!
바다는 너의 거울이고, 너는 네 영혼을
한없이 펼쳐지는 물결 속에서 응시하는데,
네 정신 또한 못지않게 쓰라린 나락이구나.

너는 네 형상 가운데로 빠져들기 좋아하고,
네 눈과 팔로 그 형상을 감싸 안는데,
네 마음은 길들일 수 없는 야생적인 불평 소리 때문에
정작 자신의 웅성거림은 가끔씩 도외시하는구나.

너희는 둘 다 어둡고 눈에 띄지 않아서,
인간은 아무도 네 심연의 바닥을 측량치 못했고,
오 바다여, 아무도 너의 속마음을 모르나니
그 정도로 너희는 자신의 비밀들을 지키려 드는구나!

그토록 셀 수 없이 숱한 세월 동안
너희들은 연민도 회한도 없이 서로 싸웠으니,
그 정도로 너희는 살육과 죽음을 좋아하는구나,
오 영원한 싸움꾼들이여, 오 인정사정없는 형제들이여!

L'Homme et la Mer

Homme libre, toujours tu chériras la mer!
La mer est ton miroir; tu contemples ton âme
Dans le déroulement infini de sa lame,
Et ton esprit n'est pas un gouffre moins amer.

Tu te plais à plonger au sein de ton image;
Tu l'embrasses des yeux et des bras, et ton cœur
Se distrait quelquefois de sa propre rumeur
Au bruit de cette plainte indomptable et sauvage.

Vous êtes tous les deux ténébreux et discrets,
Homme, nul n'a sondé le fond de tes abîmes;
O mer, nul ne connaît tes richesses intimes,
Tant vous êtes jaloux de garder vos secrets!

Et cependant voilà des siècles innombrables
Que vous vous combattez sans pitié ni remord,
Tellement vous aimez le carnage et la mort,
O lutteurs éternels, ô frères implacables!

아름다움
La Beauté

오 인간들이여, 돌로 된 꿈처럼 나는 아름답다!
각자 돌아가며 상처를 입었던 곳인 내 가슴은
영원하고 말없는 사랑과 소재를
시인에게 불어넣기 위해 생겨났다.

나는 이해받지 못한 스핑크스처럼 창공에서 군림하고,
눈 같은 마음을 백조들의 흰 빛에 결합시키고,
선들을 이동시키는 움직임을 증오하고,
결코 울지 않고 결코 웃지 않는다네.

긍지에 찬 기념물들에서 빌려온 듯 보이는
내 도도한 태도를 보며, 시인들은
준엄한 연구에 인생을 소모하게 되리라.

왜냐하면 나는, 유순한 연인들을 홀리기 위해,
모든 것을 미화시키는 깨끗한 거울을 갖고 있으니.
그 거울은 내 눈, 영원히 빛나는 내 커다란 눈!

La Beauté

e suis belle, ô mortels! comme un rêve de pierre,
Et mon sein, où chacun s'est meurtri tour à tour,
Est fait pour inspirer au poète un amour
Eternel et muet ainsi que la matière.

Je trône dans l'azur comme un sphinx incompris;
J'unis un cœur de neige à la blancheur des cygnes;
Je hais le mouvement qui déplace les lignes,
Et jamais je ne pleure et jamais je ne ris.

Les poètes, devant mes grandes attitudes.
Que j'ai l'air d'emprunter aux plus fiers monuments,
Consumeront leurs jours en d'austères études;

Car j'ai, pour fasciner ces dociles amants,
De purs miroirs qui font toutes choses plus belles:
Mes yeux, mes larges yeux aux clartés éternelles!

춤추는 뱀

Le Serpent qui danse

나른한 여인이여, 흔들리는 별처럼 너무도 아름다운
    네 몸의 살결이
번들거리는 것을 보는 것이 나는
    어찌나 좋은지!

신선한 향기가 풍기는 너의 짙은
    머리채 위에서
푸른 갈색 물결의 향기를 풍기며
    방랑하는 바다.

아침에 부는 바람에 깨어나는
    선박처럼
꿈꾸는 내 영혼은 먼 하늘을 향해
    출항할 채비를 한다.

달콤한 것이건 씁쓸한 것이건 아무것도 드러나지
　　　않는 네 눈은
황금과 철이 섞이는 두 개의
　　　차가운 보석.

태평한 미녀여, 박자에 맞춰 걷는
　　　너를 보면,
마치 막대기 끝에서 춤추는
　　　뱀과 같고,

게으름이라는 짐 아래서 아이 같은
　　　네 머리는
어린 코끼리처럼 나약하게
　　　흔들거리고,

어린 코끼리의 몸은 좌우로 흔들리다가
    활대들을 물에
푹 빠뜨리는 날씬한 선박처럼 기울다가
    길게 뻗는다.

으르렁거리는 빙하들이 녹아서
    불어난 물처럼,
네 입속의 물이 네 이빨들 가장자리로
    올라올 때면,

내 마음의 별들이 흩뿌려진 액체 하늘인
    쓰라리고 의기양양한
보헤미안들의 포도주를 내가 마시는
    것만 같다!

Le serpent qui danse

ue j'aime voir, chère indolente,
De ton corps si beau,
Comme une étoile vacillante,
Miroiter la peau !

Sur ta chevelure profonde
Aux âcres parfums,
Mer odorante et vagabonde
Aux flots bleus et bruns.

Comme un navire qui s'éveille
Au vent du matin,
Mon âme rêveuse appareille
Pour un ciel lointain.

Tes yeux, où rien ne se révèle
De doux ni d'amer,
Sont deux bijoux froids où se mêle
L'or avec le fer.

A te voir marcher en cadence,
Belle d'abandon,

On dirait un serpent qui danse
　　Au bout d'un bâton;

Sous le fardeau de ta paresse
　　Ta tête d'enfant
Se balance avec la mollesse
　　D'un jeune éléphant,

Et son corps se penche et s'allonge
　　Comme un fin vaisseau
Qui roule bord sur bord, et plonge
　　Ses vergues dans l'eau.

Comme un flot grossi par la fonte
　　Des glaciers grondants,
Quand l'eau de ta bouche remonte
　　Au bord de tes dents,

Je crois boire un vin de Bohême,
　　Amer et vainqueur,
Un ciel liquide qui parsème
　　D'étoiles mon cœur!

레테 강
Le Léthé

나른한 분위기의 괴물, 열렬히 사랑 받는 호랑이,
잔인하고 귀먹은 영혼이여, 내 마음으로 오라.
나는 묵직한 네 갈기의 무성함 속에
내 떨리는 손가락들을 오래 집어넣고 싶구나.

네 향기로 가득한 네 속치마 속에
내 아픈 머리를 파묻고,
시든 꽃처럼, 죽은 내 사랑의
부드러운 악취를 호흡하고 싶구나.

나는 자고 싶다! 살기보다는 자고 싶다!
죽음처럼 의심쩍은 잠 속에서,
구리처럼 매끈한 네 아름다운 몸에

후회 없는 내 키스를 늘어놓으리라.
진정된 내 흐느낌을 삼켜버리려면
네 잠자리의 깊은 구렁만한 것이 없다.
강력한 망각이 네 입에 거하고,
레테 강이 네 입맞춤 안에서 흐른다.

나는 이제 열락이 된 내 운명에,
숙명이 예정된 사람처럼 복종하리라.
열정이 극심한 고통을 들쑤시는
유순한 순교자, 무고하게 선고받은 자,

나는 내 원한을 수몰시키기 위해,
그 어떤 마음도 결코 가둬두지 않은
그 날카로운 젖가슴의 매력적인 젖꼭지에서
마법의 망각음료와 효능 좋은 독 당근을 빨아들이리라.

Le Léthé

Viens sur mon cœur, âme cruelle et sourde,
Tigre adoré, monstre aux airs indolents;
Je veux longtemps plonger mes doigts tremblants
Dans l'épaisseur de ta crinière lourde;

Dans tes jupons remplis de ton parfum
Ensevelir ma tête endolorie,
Et respirer, comme une fleur flétrie,
Le doux relent de mon amour défunt.

Je veux dormir! dormir plutôt que vivre!
Dans un sommeil, douteux comme la mort,
J'étalerai mes baisers sans remord
Sur ton beau corps poli comme le cuivre.

Pour engloutir mes sanglots apaisés
Rien ne me vaut l'abîme de ta couche;

L'oubli puissant habite sur ta bouche,
Et le Léthé coule dans tes baisers.

A mon destin, désormais mon délice,
J'obéirai comme un prédestiné;
Martyr docile, innocent condamné,
Dont la ferveur attise le supplice,
Je sucerai, pour noyer ma rancœur,
Le népenthès et la bonne ciguë
Aux bouts charmants de cette gorge aiguë
Qui n'a jamais emprisonné de cœur.

사후(死後)의 회한
Remords Posthume

어두컴컴한 미녀여, 네가 검은 대리석으로 지어진
기념물 깊숙한 데서 잠들게 될 때,
네게는 규방과 저택 대신 그저 비 내리는
지하 묘지와 푹 파인 묘혈밖에 없게 될 때,

매력적인 태평함으로 유연해진 네 허리와
네 소심한 가슴을 돌이 억압하며
네 심장이 박동하는 것을 막고, 네 발이
모험적인 경주를 하려는 것을 막으려 할 때,

내 무한한 꿈을 다 알고 있는 무덤은
— 왜냐하면 무덤은 시인을 늘 이해할 테니까. —
수면이 추방당한 기나긴 밤들 동안,

네게 말할 것이다. "죽은 자들이 한탄하는 것을
몰랐던들 뭔 소용인가, 불완전한 창녀여?"
— 벌레가 후회처럼 네 피부를 갉아먹을 텐데.

Remords Posthume

orsque tu dormiras, ma belle ténébreuse,
Au fond d'un monument construit en marbre noir,
Et lorsque tu n'auras pour alcôve et manoir
Qu'un caveau pluvieux et qu'une fosse creuse;

Quand la pierre, opprimant ta poitrine peureuse
Et tes flancs qu'assouplit un charmant nonchaloir,
Empêchera ton coeur de battre et de vouloir,
Et tes pieds de courir leur course aventureuse,

Le tombeau, confident de mon rêve infini,
– Car le tombeau toujours comprendra le poète, –
Durant ces longues nuits d'où le somme est banni,

Te dira: « Que vous sert, courtisane imparfaite,
De n'avoir pas connu ce que pleurent les morts? »
– Et le ver rongera ta peau comme un remords.

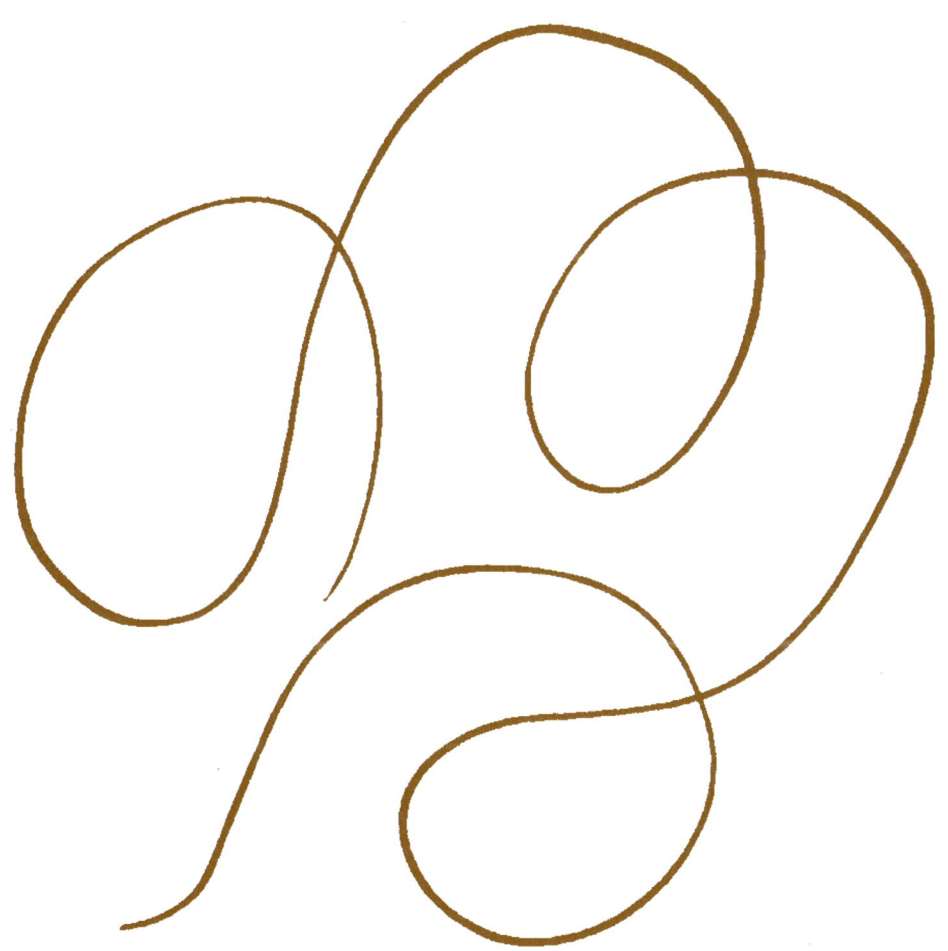

고양이 (사랑에 빠진 내 마음으로 오렴…)
Le chat

사랑에 빠진 내 마음으로 오렴, 아름다운 고양이야,
    네 발의 발톱들을 붙잡아두고,
금속과 마노가 뒤섞인 네 아름다운 눈 속에
    내가 빠져 있게 놔두렴.

네 머리와 유연한 등을 내 손가락들이
    한가로이 어루만지고
전류 같은 네 몸을 내 손이 만져보는
    즐거움에 취할 때면,

사랑스런 짐승아, 머릿속에 내 여인이 보이는구나.
    너의 시선처럼 깊고 차가운
그녀의 시선이 투창처럼 베고 가른다.

머리부터 발끝까지 미묘한 분위기,
    위험한 향기가
그녀의 갈색 몸 주위에서 너울거린다.

Le chat

Viens, mon beau chat, sur mon coeur amou-
reux:
Retiens les griffes de ta patte,
Et laisse-moi plonger dans tes beaux yeux,
Mêlés de métal et d'agate.

Lorsque mes doigts caressent à loisir
Ta tête et ton dos élastique,
Et que ma main s'enivre du plaisir
De palper ton corps électrique,

Je vois ma femme en esprit; son regard,
Comme le tien, aimable bête,
Profond et froid, coupe et fend comme un dard.

Et, des pieds jusques à la tête,
Un air subtil, un dangereux parfum
Nagent autour de son corps brun.

너무 명랑한 여인에게

A celle qui est trop gaie

너의 머리, 너의 동작, 너의 분위기는
아름다운 풍경처럼 아름답고,
네 웃음은 청명한 하늘의 신선한 바람처럼
네 얼굴에서 장난친다.

네가 스치는 우울한 행인은
너의 팔과 어깨에서
빛처럼 솟구치는
건강에 눈부셔한다.

네가 몸치장에 흩뿌려놓은
요란한 색깔들이
시인들의 정신 속에
꽃들의 발레라는 이미지를 던져놓는다.

그 정신없는 드레스들은
너의 얼룩덜룩한 정신의 상징인데,
내가 홀딱 반해버린 미치광이 여인이여,
나는 너를 사랑하며 그만큼 증오한다!

내 무기력을 질질 끌고 다니던
아름다운 정원에서,
나는 가끔씩 운명의 장난처럼,
태양이 내 가슴을 찢어놓는 것을 느꼈고,

봄과 신록이 내 마음을
너무 모욕했기에
나는 자연의 건방짐을
어느 꽃에게 벌하였다.

그렇게 나는 어느 밤에
쾌락의 시간이 울릴 때면,
비겁자처럼 네 몸의 보물들을 향해
소리 없이 기어오르고 싶다.

즐거워하는 네 몸을 벌주기 위해,
용서받은 네 가슴을 상처 주고,
놀란 네 옆구리에
넓고 푹 파인 상처를 주기 위해,

그런데 어지러운 부드러움이여!
더욱 찬란하고 아름다운 새 입술을 통해
너에게 나의 독을 주입시키기 위해,
내 누이여!

A celle qui est trop gaie

Ta tête, ton geste, ton air
Sont beaux comme un beau paysage;
Le rire joue en ton visage
Comme un vent frais dans un ciel clair.

Le passant chagrin que tu frôles
Est ébloui par la santé
Qui jaillit comme une clarté
De tes bras et de tes épaules.

Les retentissantes couleurs
Dont tu parsèmes tes toilettes
Jettent dans l'esprit des poètes
L'image d'un ballet de fleurs.

Ces robes folles sont l'emblème
De ton esprit bariolé;
Folle dont je suis affolé,
Je te hais autant que je t'aime!

Quelquefois dans un beau jardin,
Où je traînais mon atonie,

J'ai senti comme une ironie
Le soleil déchirer mon sein;

Et le printemps et la verdure
Ont tant humilié mon cœur
Que j'ai puni sur une fleur
L'insolence de la nature.

Ainsi, je voudrais, une nuit,
Quand l'heure des voluptés sonne,
Vers les trésors de ta personne
Comme un lâche ramper sans bruit,

Pour châtier ta chair joyeuse,
Pour meurtrir ton sein pardonné,
Et faire à ton flanc étonné
Une blessure large et creuse,

Et, vertigineuse douceur!
A travers ces lèvres nouvelles,
Plus éclatantes et plus belles,
T'infuser mon venin, ma soeur!

고백
Confession

사랑스럽고 부드러운 여인이여, 한번, 단 한번,
　　당신의 공손한 팔이 내 팔에
기대었소. (그 추억은 내 영혼의 어두운 밑바닥에서
　　조금도 희미해지지 않았다.)

늦은 시간이었다. 보름달이 새로운 메달처럼
　　한껏 뽐내고 있었고,
잠자는 파리 위로, 밤의 웅장함이 강처럼
　　흐르고 있었다.

고양이들이 죽 이어진 집들을 따라가며 귀를 쫑긋하고서
　　대문 아래로 슬그머니
지나가거나, 또는 친애하는 그림자처럼 천천히
　　우리를 따라다녔다.

희미한 빛에 만개하는 허물없는 친밀감
    한가운데서 갑자기,
빛나는 명랑함만이 진동하는 풍요롭고 낭랑한
    악기인 당신으로부터,

눈부신 아침의 팡파르처럼 환하고 즐거운
    당신으로부터
구슬픈 곡조, 이상한 곡조가 몹시 휘청거리며
    새어나왔다,

가족도 부끄러워하며 세상에 감추기 위해
    남몰래 지하실에
오래 놔둘 만큼 허약하고 끔찍하고 어둡고
    흉한 아이처럼!

불쌍한 천사, 그녀는 당신의 아우성치는 노래를 불렀다.
    "이 땅의 그 무엇도 확실치 않고,

아무리 정성스레 분칠을 해도, 인간의 이기주의는 언제나
  드러나고야 만다네!

아름다운 여인으로 산다는 것은
  어찌나 힘든 일인지,
기계적인 미소를 띤 채 기절하는 광적이고 냉정한
  무희의 평범한 일상이네!

마음 위에 세우는 것은 어리석다네. 죄다 우지끈 한다네.
  사랑도 아름다움도,
망각이 그것들을 '영원'에 돌려주려고 연도(煙道)에
  던져버릴 때까지!"

나는 자주 회상했다, 그 황홀한 달,
  그 침묵과 침체,
그리고 마음의 고해소에서 속삭인
  그 끔찍한 비밀을.

Confession

ne fois, une seule, aimable et douce femme,
    A mon bras votre bras poli
S'appuya (sur le fond ténébreux de mon âme
    Ce souvenir n'est point pâli).

Il était tard; ainsi qu'une médaille neuve
    La pleine lune s'étalait,
Et la solennité de la nuit, comme un fleuve,
    Sur Paris dormant ruisselait.

Et le long des maisons, sous les portes cochères,
    Des chats passaient furtivement,
L'oreille au guet, ou bien, comme des ombres chères,
    Nous accompagnaient lentement.

Tout à coup, au milieu de l'intimité libre
    Eclose à la pâle clarté,
De vous, riche et sonore instrument où ne vibre
    Que la radieuse gaîté,

De vous, claire et joyeuse ainsi qu'une fanfare
    Dans le matin étincelant,
Une note plaintive, une note bizarre
    S'échappa, tout en chancelant.

Comme une enfant chétive, horrible, sombre, immonde
    Dont sa famille rougirait,
Et qu'elle aurait longtemps, pour la cacher au monde,
    Dans un caveau mise au secret!

Pauvre ange, elle chantait, votre note criarde:
    « Que rien ici-bas n'est certain,
Et que toujours, avec quelque soin qu'il se farde,
    Se trahit l'égoïsme humain;

Que c'est un dur métier que d'être belle femme,
    Et que c'est le travail banal
De la danseuse folle et froide qui se pâme
    Dans un sourire machinal;

Que bâtir sur les cœurs est une chose sotte,
    Que tout craque, amour et beauté,
Jusqu'à ce que l'Oubli les jette dans sa hotte
Pour les rendre à l'Eternité! »

J'ai souvent évoqué cette lune enchantée,
    Ce silence et cette langueur,
Et cette confidence horrible chuchotée
    Au confessionnal du cœur.

크레올 부인에게
À une dame créole

태양이 애무하는 향기로운 나라에서,
저마다의 눈에 게으름이 비 오듯 쏟아지는.
검붉은 나무들과 종려나무들의 닫집 아래서,
나는 미지의 매력을 풍기는 크레올 부인을 알게 되었다.

그 황홀한 갈색 여인의 피부는 창백하고 따뜻하며,
목덜미는 고상하게 기교적인 분위기를 띠며,
큰 키에 날렵한 거동은 사냥하는 여인과도 같으며,
미소는 평온하고, 눈은 확신에 차 있다.

부인, 당신은 진정한 영광의 나라로,
세느강변이나 푸르른 루아르강변으로 간다면,
오랜 영지들을 빛나게 할 미녀,

당신은 그늘진 피신처에서, 그 커다란 눈으로
시인을 흑인노예보다 더 순종적이 되게 하여
시인들의 마음속에 숱한 소네트를 싹트게 할 겁니다.

À une dame créole

Au pays parfumé que le soleil caresse,
J'ai connu sous un dais d'arbres tout empourprés
Et de palmiers, d'où pleut sur les yeux la paresse,
Une dame créole aux charmes ignorés.

Son teint est pâle et chaud; la brune enchanteresse
A dans le col des airs noblement maniérés;
Grande et svelte en marchant comme une chasseresse,
Son sourire est tranquille et ses yeux assurés.

Si vous alliez, Madame, au vrai pays de gloire,
Sur les bords de la Seine ou de la verte Loire,
Belle digne d'orner les antiques manoirs,

Vous feriez, à l'abri des ombreuses retraites,
Germer mille sonnets dans le coeur des poètes,
Que vos grands yeux rendraient plus soumis que vos noirs.

오후의 노래
Chanson d'après-midi

너의 못된 눈썹이
천사 같은 분위기가 아니라
이상한 분위기를 띨지라도,
유혹적인 눈의 마녀여,

너를 숭배한다,
오 나의 바람둥이, 나의 끔찍한 열정이여!
자기 우상을 향한
사제의 신앙과도 같은 마음으로.

사막과 숲이
너의 뻣뻣한 댕기머리를 향기롭게 하고,
너의 얼굴은
수수께끼와 비밀을 지닌 표정이다.

너의 살에서는
향로 주위처럼 향이 감돌고,
너는 저녁처럼
마법을 거는구나, 어둡고 따뜻한 님프여,

아! 가장 강력한 묘약도 너의
게으름만도 못하고,
너는 죽은 자들을 되살리는 애무를
알고 있구나!

너의 허리는
네 등과 네 가슴을 사랑하고,
너는 나른한 자세로
네 쿠션들을 황홀케 한다.

때때로 너는 알 수 없는 격분을
진정시키기 위해,

물어뜯기와 입맞춤을
진지하게 퍼붓는다.

갈색 여인이여,
너는 비웃음으로 나를 찢어놓고,
그런 다음 내 마음에
달처럼 부드러운 너의 눈을 둔다.

너의 비단 신발 밑에,
너의 매력적인 비단결 발의 밑에,
나, 나는
나의 큰 즐거움, 천재성, 운명을 둔다.

너에 의해, 빛과 색깔인 너에 의해
치유된 나의 영혼!
나의 검은 시베리아는
열기의 폭발!

Chanson d'après-midi

Quoique tes sourcils méchants
Te donnent un air étrange
Qui n'est pas celui d'un ange,
Sorcière aux yeux alléchants,

Je t'adore, ô ma frivole,
Ma terrible passion!
Avec la dévotion
Du prêtre pour son idole.

Le désert et la forêt
Embaument tes tresses rudes,
Ta tête a les attitudes
De l'énigme et du secret.

Sur ta chair le parfum rôde
Comme autour d'un encensoir;
Tu charmes comme le soir,
Nymphe ténébreuse et chaude.

Ah! les philtres les plus forts
Ne valent pas ta paresse,
Et tu connais la caresse
Qui fait revivre les morts!

Tes hanches sont amoureuses
De ton dos et de tes seins,
Et tu ravis les coussins
Par tes poses langoureuses.

Quelquefois pour apaiser
Ta rage mystérieuse,
Tu prodigues, sérieuse,
La morsure et le baiser;

Tu me déchires, ma brune,
Avec un rire moqueur,
Et puis tu mets sur mon cœur
Ton œil doux comme la lune.

Sous tes souliers de satin,
Sous tes charmants pieds de soie,
Moi, je mets ma grande joie,
Mon génie et mon destin,

Mon âme par toi guérie,
Par toi, lumière et couleur!
Explosion de chaleur
Dans ma noire Sibérie!

가을 소네트

Sonnet d'automne

수정처럼 맑은 너의 눈, 그 눈이 내게 말한다.
"이상한 연인이여, 너에게 나의 장점은 무엇이니?"
"매력적이기만 하면 돼, 그리고 입 다물어!"
고대 동물의 천진함 빼고는 모든 것에 화를 내는 내 마음은,

그 마음의 지옥 같은 비밀도, 불꽃 튀며 써내려간 어두운 전설도
너에게 보여주고 싶어 하지 않는다네,
나를 손으로 어르며 긴 잠으로 초대하는 여인이여,
나는 열정을 증오하고, 정신은 나를 아프게 한다네!

부드럽게 사랑하세. 파수막에서 사랑의 신이
암흑 속에 매복하여 숙명의 활을 당기고 있네.
그의 오래된 병기창의 화기들을 나는 알고 있네.

범죄, 공포, 광란! ― 오 창백한 데이지 꽃!
오 나의 너무도 하얀, 오 나의 너무도 차가운 마르그리트,
너도 나처럼 가을 태양이지 않니?

Sonnet d'automne

Ils me disent, tes yeux, clairs comme le cristal:
« Pour toi, bizarre amant, quel est donc mon mérite? »
– Sois charmante et tais-toi! Mon cœur, que tout irrite,
Excepté la candeur de l'antique animal,

Ne veut pas te montrer son secret infernal,
Berceuse dont la main aux longs sommeils m'invite,
Ni sa noire légende avec la flamme écrite.
Je hais la passion et l'esprit me fait mal!

Aimons-nous doucement. L'Amour dans sa guérite,
Ténébreux, embusqué, bande son arc fatal.
Je connais les engins de son vieil arsenal:

Crime, horreur et folie! – O pâle marguerite!
Comme moi n'es-tu pas un soleil automnal,
O ma si blanche, ô ma si froide Marguerite?

머리타래
La chevelure

오 텁수룩한 머리, 목둘레까지 구불구불하구나!
오 구불구불! 오 나른함이 실린 향기!
황홀! 그 머리털 속에서 잠자고 있는 추억들로
오늘 저녁 어두운 규방을 가득 채우기 위해
그녀를 손수건처럼 공중에서 흔들고 싶구나.

초췌한 아시아와 타오르는 아프리카,
멀리 있고 부재하며 거의 사망한 세계 전체가,
향기로운 숲 깊숙한 곳에서 살고 있다!
다른 정신들은 음악 위에서 노 저어 가는데,
오 내 사랑! 내 정신은 너의 향기 위에서 헤엄친다.

수액으로 가득한 나무와 인간이 그 고장의 열기 아래서
오래도록 몽롱해지는 그곳으로 나는 가련다.
단단히 땋은 머리갈래야, 나를 실어가는 물결이 되어라!
흑단 같은 바다야, 너는 돛들과 돛대들과 깃발들과

노 젓는 사람들의 눈부신 꿈을 담고 있구나.

내 영혼이 향기, 소리, 색깔을
철철 넘치도록 마실 수 있고,
선박들이 황금빛과 물결무늬 속으로 미끄러져 들어가면서,
영원한 열기가 바르르 떠는 깨끗한 하늘의 영광을
끌어안으려고 광활한 팔을 벌리는 요란스런 항구.

나는 취기를 사랑하는 내 머리를
다른 머리가 갇힌 그 검은 대양 속에 푹 담그고,
오 풍요로운 게으름이여,
배의 옆질이 어루만지는 나의 예리한 정신은
향기로운 여가의 무한한 어르기를 당신에게 되찾아줄 수 있으리라.

파란 머리카락, 어둠이 깔린 정자,
당신은 거대하고 둥근 하늘의 쪽빛을 내게 돌려주고,
당신의 꼬인 머리갈래 잔털들에서,
코코넛 기름, 사향, 역청이 뒤섞인 내음에
나는 열렬히 취한다.

오래도록! 늘! 내 손은 네 묵직한 머리타래 속에
루비, 진주, 사파이어를 흩뿌리리라,
네가 내 욕망을 결코 못 듣지 않도록!
너는 내가 꿈꾸는 오아시스, 추억의 포도주를
찔끔찔끔 마시는 호리병이 아니더냐?

La chevelure

 O toison, moutonnant jusque sur l'encolure!
O boucles! O parfum chargé de nonchaloir!
Extase! Pour peupler ce soir l'alcôve obscure
Des souvenirs dormant dans cette chevelure,
Je la veux agiter dans l'air comme un mouchoir.

La langoureuse Asie et la brûlante Afrique,
Tout un monde lointain, absent, presque défunt,
Vit dans tes profondeurs, forêt aromatique!
Comme d'autres esprits voguent sur la musique,
Le mien, ô mon amour! nage sur ton parfum.

J'irai là-bas où l'arbre et l'homme, pleins de sève,
Se pâment longuement sous l'ardeur des climats;
Fortes tresses, soyez la houle qui m'enlève!
Tu contiens, mer d'ébène, un éblouissant rêve
De voiles, de rameurs, de flammes et de mâts:

Un port retentissant où mon âme peut boire
A grands flots le parfum, le son et la couleur;
Où les vaisseaux, glissant dans l'or et dans la moire,

Ouvrent leurs vastes bras pour embrasser la gloire
D'un ciel pur où frémit l'éternelle chaleur.
Je plongerai ma tête amoureuse d'ivresse
Dans ce noir océan où l'autre est enfermé;
Et mon esprit subtil que le roulis caresse
Saura vous retrouver, ô féconde paresse,
Infinis bercements du loisir embaumé!

Cheveux bleus, pavillon de ténèbres tendues,
Vous me rendez l'azur du ciel immense et rond;
Sur les bords duvetés de vos mèches tordues
Je m'enivre ardemment des senteurs confondues
De l'huile de coco, du musc et du goudron.

Longtemps! toujours! ma main dans ta crinière lourde
Sèmera le rubis, la perle et le saphir,
Afin qu'à mon, désir tu ne sois jamais sourde!
N'es-tu pas l'oasis où je rêve, et la gourde
Où je hume à longs traits le vin du souvenir?

살아 있는 횃불
Le Flambeau Vivant

빛으로 가득하고, 아마도 어느 박식한 천사가
자력을 부여한 두 눈이 내 앞으로 행진한다.
내 형제들, 그 신성한 형제들이 내 눈 속에서
다이아몬드로 빛나는 불을 흔들며 내 앞으로 행진한다.

그들은 숱한 함정, 죄악에서 나를 구하며
아름다운 길로 내 발길을 이끈다.
그들은 나를 섬기는 자들이고, 나는 그들의 노예여서,
내 존재는 그 살아 있는 횃불에 순종한다.

매혹적인 눈, 너는 양초들이 한낮에도 지니는
그 신비로운 빛으로 반짝이고, 태양은
붉어지지만, 그 눈의 환상적인 불길은 끄지 못한다.

그들은 '죽음'을 찬양하는데, 너는 '기상(起床)'을 노래하고,
너는 내 영혼의 기상을 노래하며 행진한다.
그 어떤 태양도 시들게 못할 불꽃을 지닌 별이여!

Le Flambeau Vivant

Ils marchent devant moi, ces Yeux pleins de lumières,
Qu'un Ange très savant a sans doute aimantés ;
Ils marchent, ces divins frères qui sont mes frères,
Secouant dans mes yeux leurs feux diamantés.

Me sauvant de tout piège et de tout péché grave,
Ils conduisent mes pas dans la route du Beau ;
Ils sont mes serviteurs et je suis leur esclave ;
Tout mon être obéit à ce vivant flambeau.

Charmants Yeux, vous brillez de la clarté mystique
Qu'ont les cierges brûlant en plein jour ; le soleil
Rougit, mais n'éteint pas leur flamme fantastique ;

Ils célèbrent la Mort, vous chantez le Réveil ;
Vous marchez en chantant le réveil de mon âme,
Astres dont nul Soleil ne peut flétrir la flamme !

여행으로의 초대
L'Invitation au Voyage

나의 아이, 나의 누이여,
먼 곳으로 함께 가서 사는
달콤함을 생각해보라!
너를 닮은 나라에서
한가로이 사랑하고,
사랑하고 죽고!
그 뿌연 하늘의 젖은 태양이
내 마음에서,
눈물 사이로 반짝이며
배반을 꿈꾸는 네 눈의
너무도 신비한 매력을
지니고 있구나.

거기서는 모든 것이 그저 질서와 아름다움,
호사, 평온, 관능.

세월에 의해 반질반질해져
번들거리는 가구들이
우리의 방을 꾸며줄 테고,
호박(琥珀)의 희미한 향에
자신의 향기를 섞어놓는
희귀한 꽃들,
호화로운 천장,
깊은 거울들,
동양의 찬란함,
거기서는 모두가
영혼에게 남몰래
부드러운 모국어로 말할 것이다.

거기서는 모든 것이 그저 질서와 아름다움,
호사, 평온, 관능.

방랑하는 선박들이
운하에서
잠자는 모습을 보라.
그들은 세상 끝으로부터
너의 하찮은 욕망을
채워주러 온 거다.
— 저무는 태양들이
들판들, 운하들,
도시 전체에
히아신스와 황금 옷을 입히자,
뜨거운 빛 속에서
세상이 잠든다.

거기서는 모든 것이 그저 질서와 아름다움,
호사, 평온, 관능.

L'Invitation au Voyage

Mon enfant, ma sœur,
Songe à la douceur
D'aller là-bas vivre ensemble !
Aimer à loisir,
Aimer et mourir
Au pays qui te ressemble !
Les soleils mouillés
De ces ciels brouillés
Pour mon esprit ont les charmes
Si mystérieux
De tes traîtres yeux,
Brillant à travers leurs larmes.

Là, tout n'est qu'ordre et beauté,
Luxe, calme et volupté.

Des meubles luisants,
Polis par les ans,
Décoreraient notre chambre ;
Les plus rares fleurs
Mêlant leurs odeurs
Aux vagues senteurs de l'ambre,
Les riches plafonds,

Les miroirs profonds,
La splendeur orientale,
Tout y parlerait
À l'âme en secret
Sa douce langue natale.

Là, tout n'est qu'ordre et beauté,
Luxe, calme et volupté.

Vois sur ces canaux
Dormir ces vaisseaux
Dont l'humeur est vagabonde ;
C'est pour assouvir
Ton moindre désir
Qu'ils viennent du bout du monde.
– Les soleils couchants
Revêtent les champs,
Les canaux, la ville entière,
D'hyacinthe et d'or ;
Le monde s'endort
Dans une chaude lumière.

Là, tout n'est qu'ordre et beauté,
Luxe, calme et volupté.

거짓에 대한 사랑
L'amour du mensonge

천장에서 부서지는 도구들의 노랫소리에
조화롭고 느린 발걸음을 중단하고,
깊은 눈길로 권태를 이리저리 끌고 다니며 지나가는,
오 무감각한 연인이여, 너를 내가 볼 때면,

그 눈길을 물들이는 가스 불에 비친 네 창백한 이마,
저녁 횃불이 오로라를 켜놓은 그 이마와
어느 초상화의 눈처럼
매혹적인 네 눈을 바라볼 때면,

나는 중얼거린다. '어찌나 아름다운지! 이상하게 신선하구나!'
묵직한 추억, 장엄하고 육중한 탑, 왕관,
그런데 복숭아처럼 멍든 그녀의 마음은 그녀의 육체처럼,
조예 깊은 사랑을 위해 농익어 있구나.

너는 최고로 맛있는 가을 과일인 거니?
너는 눈물 몇 방울을 기다리는 유골 단지,
머나먼 오아시스를 꿈꾸게 하는 향기,
다정한 베개 또는 꽃바구니인 거니?

귀중한 비밀을 조금도 은닉하지 않는
몹시 우수에 찬 눈이 있음을 나는 안다,
너희보다 더 텅 비고 더 깊숙하지만 보석은 없는
예쁜 보석상자, 내용물 없는 성유물 장식, 오 맙소사!

그런데 진실을 피하는 마음을 즐겁게 해주려면,
너는 그저 겉치레이기만 하면 되는 거 아닐까?
너의 우둔함이나 너의 무관심이 뭐 중요할까?
가면이건 장식이건, 안녕! 나는 너의 아름다움을 숭배한다.

L'amour du mensonge

Quand je te vois passer, ô ma chère indolente,
Au chant des instruments qui se brise au plafond,
Suspendant ton allure harmonieuse et lente,
Et promenant l'ennui de ton regard profond;

Quand je contemple, aux feux du gaz qui le colore,
Ton front pâle, embelli par un morbide attrait,
Où les torches du soir allument une aurore,
Et tes yeux attirants comme ceux d'un portrait,

Je me dis: Qu'elle est belle! et bizarrement fraîche!
Le souvenir massif, royale et lourde tour,
La couronne, et son cœur, meurtri comme une pêche,
Est mûr, comme son corps, pour le savant amour.

Es-tu le fruit d'automne aux saveurs souveraines?
Es-tu vase funèbre attendant quelques pleurs,
Parfum qui fait rêver aux oasis lointaines,

Oreiller caressant, ou corbeille de fleurs?
Je sais qu'il est des yeux, des plus mélancoliques,
Qui ne recèlent point de secrets précieux;
Beaux écrins sans joyaux, médaillons sans reliques,
Plus vides, plus profonds que vous-mêmes, ô Cieux!
Mais ne suffit-il pas que tu sois l'apparence,
Pour réjouir un cœur qui fuit la vérité?
Qu'importe ta bêtise ou ton indifférence?
Masque ou décor, salut! J'adore ta beauté.

분수

Le Jet d'eau

네 아름다운 눈이 지쳐있구나, 불쌍한 연인!
쾌락이 너를 불쑥 찾아왔던
그 무기력한 자세로 그대로 있으면서
눈을 다시 뜨지 말고 오래 있어라.

뜰에서는 분수가
밤낮으로 졸졸대며 입 다물지 않고
부드러이 황홀경을 조성하여
오늘 저녁 나는 사랑을 깊이 품었다.

   숱한 꽃들이
     만발한 꽃다발,
  기뻐하는 포이베*가 그 꽃다발에
     자신의 색깔들을 부여하고,

---

*헬리오스와 클리메네의 딸들 중 하나이며, 파에톤의 누이들 중 하나이기도 하다. 파에톤이 죽자, 이 누이들은 너무 슬퍼서 한없이 우는 바람에 이를 본 신들이 눈물은 호박(琥珀)으로, 그녀들은 포플러나무 또는 오리나무로 바꾸어버렸다는 이야기가 전해져 내려온다.

넉넉한 눈물이 그 꽃다발에
　　　비처럼 떨어진다.

그렇게 쾌락의 타오르는 섬광이
불 질러놓는 네 영혼은
매혹적인 광대한 하늘을 향해
빠르고 과감하게 솟아오른다.
이어서 그 섬광은 죽어가며,
처량한 무력감이 물결처럼 흘러넘쳐
보이지 않는 비탈을 통해
내 마음 깊숙한 곳까지 내려온다.

　　숱한 꽃들이
　　　만발한 꽃다발,
　　기뻐하는 포이베가 그 꽃다발에
　　　자신의 색깔들을 부여하고,
　　넉넉한 눈물이 그 꽃다발에
　　　비처럼 떨어진다.

오 밤이 너무나 아름답게 해주는 너,
너의 가슴에 기대어
연못의 흐느끼는 탄식을 듣는 것이
어찌나 달콤한지!
달, 졸졸거리는 물, 축복된 밤,
주위에서 바스락거리는 나무들,
너희들의 순수한 멜랑콜리가
내 사랑의 거울이다.

   숱한 꽃들이
      만발한 꽃다발,
기뻐하는 포이베가 그 꽃다발에
     자신의 색깔들을 부여하고,
넉넉한 눈물이 그 꽃다발에
    비처럼 떨어진다.

Le Jet d'eau

Tes beaux yeux sont las, pauvre amante!
Reste longtemps sans les rouvrir,
Dans cette pose nonchalante
Où t'a surprise le plaisir.
Dans la cour le jet d'eau qui jase
Et ne se tait ni nuit ni jour,
Entretient doucement l'extase
Où ce soir m'a plongé l'amour.

   La gerbe épanouie
     En mille fleurs,
  Où Phœbé réjouie
     Met ses couleurs,
  Tombe comme une pluie
     De larges pleurs.

Ainsi ton âme qu'incendie
L'éclair brûlant des voluptés
S'élance, rapide et hardie,
Vers les vastes cieux enchantés.
Puis, elle s'épanche, mourante,
En un flot de triste langueur,
Qui par une invisible pente
Descend jusqu'au fond de mon cœur.

La gerbe épanouie
  En mille fleurs,
 Où Phœbé réjouie
  Met ses couleurs,
 Tombe comme une pluie
  De larges pleurs.

O toi, que la nuit rend si belle,
Qu'il m'est doux, penché vers tes seins,
D'écouter la plainte éternelle
Qui sanglote dans les bassins!
Lune, eau sonore, nuit bénie,
Arbres qui frissonnez autour,
Votre pure mélancolie
Est le miroir de mon amour.

 La gerbe épanouie
  En mille fleurs,
 Où Phœbé réjouie
  Met ses couleurs,
 Tombe comme une pluie
  De larges pleurs.

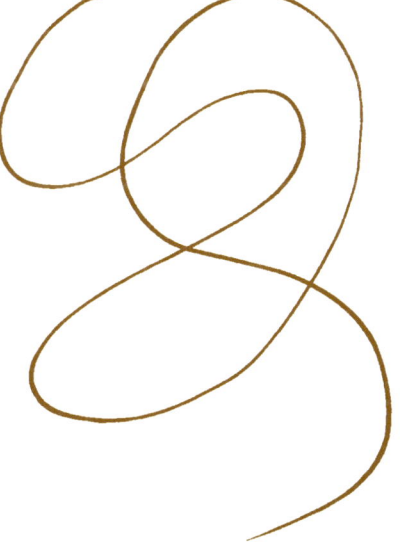

말라바르 여인에게
A une Malabaraise

너의 발은 너의 손만큼이나 섬세하고,
너의 둔부는 가장 아름다운 백인여인도 부러워하고,
너의 몸은 사색하는 예술가에게 부드럽고 소중하며,
너의 신이 너를 태어나게 한 뜨겁고 파란 나라에서,
너의 벨벳 같은 커다란 눈은 너의 살결보다 더 검으며,
너의 일은, 주인의 파이프에 불을 붙이고,
병에 시원하고 향기로운 물을 채워놓고,
배회하는 파리를 침대로부터 멀리 쫓아버리고,
아침이 플라타너스를 노래 부르게 하는 즉시
시장에서 파인애플과 바나나를 사는 것이다.
너는 온종일 원하는 곳으로 맨발을 끌고 다니며,
알 수 없는 옛 노래를 아주 나지막이 흥얼거리고,
저녁이 진홍빛 외투를 입고 내려올 때,
네가 돗자리 위에 부드럽게 몸을 뉘이면,
부유하는 너의 꿈에는 언제나

너처럼 우아하고 화사한 벌새들이 가득하다.
행복한 아이야, 너는 왜 고통이 온통 휩쓸어버리는
인구 많은 나라, 우리 프랑스를 보고 싶어서,
선원들의 튼튼한 팔에 목숨을 맡기며,
너의 소중한 타마린드[*] 나무들에게 작별인사를 하려는 거니?
가냘픈 모슬린 옷으로 몸의 절반만 가리고 있어서,
눈과 우박을 맞으며 오한으로 떠는 너,
만약, 난폭한 코르셋이 네 허리를 가둔 채
네가 우리의 진창에서 야참을 주워 모아야 했고,
눈은 생각에 잠겨 우리의 더러운 안개 속에서
있지도 않은 야자나무의 어수선한 허깨비를 쫓으며
이상한 매력의 네 향기를 팔아야 한다면,
너는 달콤하고 순수한 여유를 얼마나 아쉬워하겠는가!

* 열대 아프리카가 원산지인 콩과 식물. 동남아시아에서 널리 재배되고 있다.

A une Malabaraise

Tes pieds sont aussi fins que tes mains, et ta hanche
Est large à faire envie à la plus belle blanche;
A l'artiste pensif ton corps est doux et cher;
Tes grands yeux de velours sont plus noirs que ta chair
Aux pays chauds et bleus où ton Dieu t'a fait naître,
Ta tâche est d'allumer la pipe de ton maître,
De pourvoir les flacons d'eaux fraîches et d'odeurs,
De chasser loin du lit les moustiques rôdeurs,
Et, dès que le matin fait chanter les platanes,
D'acheter au bazar ananas et bananes.
Tout le jour, où tu veux, tu mènes tes pieds nus,
Et fredonnes tout bas de vieux airs inconnus;
Et quand descend le soir au manteau d'écarlate,
Tu poses doucement ton corps sur une natte,
Où tes rêves flottants sont pleins de colibris,
Et toujours, comme toi, gracieux et fleuris.
Pourquoi, l'heureuse enfant, veux-tu voir notre France,
Ce pays trop peuplé que fauche la souffrance,

Et, confiant ta vie aux bras forts des marins,
Faire de grands adieux à tes chers tamarins?
Toi, vêtue à moitié de mousselines frêles,
Frissonnante là-bas sous la neige et les grêles,
Comme tu pleurerais tes loisirs doux et francs,
Si, le corset brutal emprisonnant tes flancs,
Il te fallait glaner ton souper dans nos fanges
Et vendre le parfum de tes charmes étranges,
L'œil pensif, et suivant, dans nos sales brouillards,
Des cocotiers absents les fantômes épars!

자정의 점검

L'examen de minuit

시계추가 자정을 울리며
우리에게 빈정대듯 떠올린다,
달아나버리는 그 날을
우리가 어찌 사용했는지,
— 오늘, 숙명적인 날,
13일의 금요일, 우리가 아는
그 모든 것에도 불구하고,
우리는 이교도처럼 생활했다.

신들 중 가장 반박의 여지없는 예수를
우리는 모독했다!
괴물 같은 크로이소스의 식탁에서
우리는 기식자처럼
'악령들'의 신하에나 어울릴 만한
야만인의 마음에 들기 위해
우리가 사랑하는 이를 모욕했고,
우리가 혐오하는 이를 우쭐케 했으며,

사람들이 잘못 업신여기는 약자,
노예 같은 형리를 슬프게 했고,
'어리석은 짓', 그 엄청난 '어리석은 짓'을
황소의 이마에다 치하했고,
멍청한 '물질'에
대단히 헌신적으로 입을 맞췄고,
고약한 부패의
희끄무레한 빛을 찬양했다.

칠현금의 교만한 사제인 우리,
음산한 것들에 취해 있는 것을
드러내 보이는 것이 자랑인 우리,
마침내 우리는 어지러움을
망상 속에 빠뜨리기 위해,
목마름 없이 마셨고, 배고픔 없이 먹었다!...
— 암흑 속에 숨어버리기 위해,
얼른 등(燈)을 꺼버리자!

L'examen de minuit

La pendule, sonnant minuit,
Ironiquement nous engage
A nous rappeler quel usage
Nous fîmes du jour qui s'enfuit:
– Aujourd'hui, date fatidique,
Vendredi, treize, nous avons,
Malgré tout ce que nous savons,
Mené le train d'un hérétique.

Nous avons blasphémé Jésus,
Des Dieux le plus incontestable!
Comme un parasite à la table
De quelque monstrueux Crésus,
Nous avons, pour plaire à la brute,
Digne vassale des Démons,
Insulté ce que nous aimons
Et flatté ce qui nous rebute;

Contristé, servile bourreau,
Le faible qu'à tort on méprise;
Salué l'énorme Bêtise,

La Bêtise au front de taureau;
Baisé la stupide Matière
Avec grande dévotion,
Et de la putréfaction
Béni la blafarde lumière.

Enfin, nous avons, pour noyer
Le vertige dans le délire,
Nous, prêtre orgueilleux de la Lyre,
Dont la gloire est de déployer
L'ivresse des choses funèbres,
Bu sans soif et mangé sans faim!...
– Vite soufflons la lampe, afin
De nous cacher dans les ténèbres!

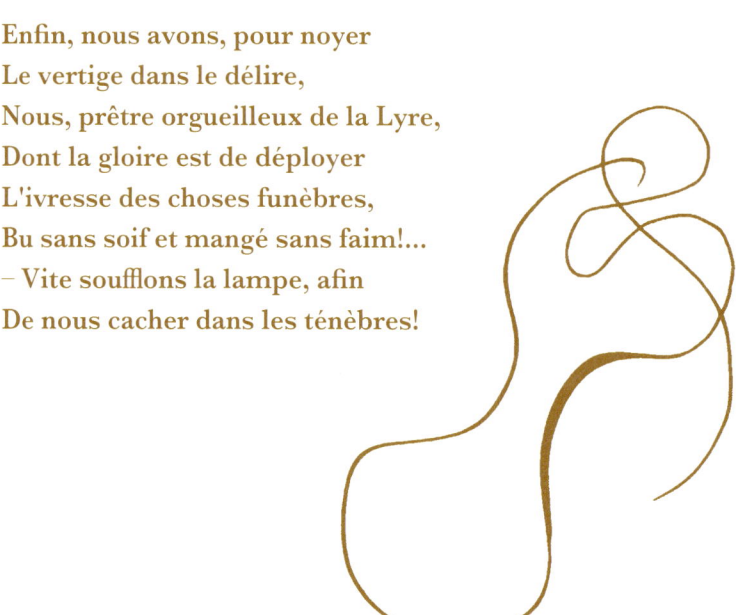

어느 이카루스의 탄식
Les Plaintes d'un Icare

창녀의 애인은
행복하고 생기발랄하고 배가 불렀는데,
나, 나의 팔은 구름을 잡느라
기진맥진해졌다.

쇠진한 내 눈에
태양의 추억만 보이는 것은,
하늘 아주 깊숙한 곳에서 타오르는
비길 데 없는 별들 덕분이다.

나는 우주공간으로부터
헛되이 끝과 중간을 찾으려 했고,
알 수 없는 불의 눈 아래서

부러지는 내 날개를 느낀다.
아름다움에 대한 사랑에 불타버려서,
내 무덤이 될 깊은 구렁에
내 이름을 부여하는 숭고한 명예를
나는 갖지 못할 것이다.

Les Plaintes d'un Icare

Les amants des prostituées
Sont heureux, dispos et repus;
Quant à moi, mes bras sont rompus
Pour avoir étreint des nuées.

C'est grâce aux astres non pareils,
Qui tout au fond du ciel flamboient,
Que mes yeux consumés ne voient
Que des souvenirs de soleils.

En vain j'ai voulu de l'espace,
Trouver la fin et le milieu;
Sous je ne sais quel œil de feu
Je sens mon aile qui se casse;

Et brûlé par l'amour du beau,
Je n'aurai pas l'honneur sublime
De donner mon nom à l'abîme
Qui me servira de tombeau.

명상
Recueillement

얌전해라, 오 나의 괴로움이여, 더 잠잠히 있으라,
너는 저녁을 요청했고, 저녁이 내려와 여기에 있다.
어두운 대기가 도시를 감싸며,
어떤 이에겐 평화를, 어떤 이에겐 염려를 싣는다.

다수의 비루한 인간들이
무자비한 형리인 쾌락의 회초리 아래서,
굴종적인 축제에서, 회한을 따내려는 동안,
내 괴로움이여, 내게 손을 달라, 이리로 오라,

그들에게서 멀리. 지나간 연년세세가
케케묵은 드레스를 입고 하늘의 발코니에 기대고,
물속 깊은 곳에서는 미소 짓는 후회가 솟구치고,

빈사상태의 '태양'이 아치 아래서 잠드는 것을 보라,
'동쪽'에서 긴 수의(壽衣)처럼 질질 끌리듯 운행하는
부드러운 '밤'을 들어보라, 내 소중한 이여.

Recueillement

ois sage, ô ma Douleur, et tiens-toi plus tranquille,
Tu réclamais le Soir; il descend; le voici:
Une atmosphère obscure enveloppe la ville,
Aux uns portant la paix, aux autres le souci.

Pendant que des mortels la multitude vile,
Sous le fouet du Plaisir, ce bourreau sans merci,
Va cueillir des remords dans la fête servile,
Ma Douleur, donne-moi la main; viens par ici,

Loin d'eux. Vois se pencher les défuntes Années,
Sur les balcons du ciel, en robes surannées;
Surgir du fond des eaux le Regret souriant;

Le Soleil moribond s'endormir sous une arche,
Et, comme un long linceul traînant à l'Orient,
Entends, ma chère, entends la douce Nuit qui marche.

이국적인 향기
Parfum exotique

어느 더운 가을 저녁, 두 눈을 꼭 감고
너의 따뜻한 가슴의 냄새를 들이마시자
단조로운 태양의 불길이 눈부시도록
행복한 해안가가 펼쳐지는 것이 보인다.

별난 나무들과 맛있는 과일들을
자연이 제공하는 게으른 섬,
날씬하고 기운찬 몸의 남자들과
놀랍도록 솔직한 눈의 여인들.

너의 향기를 따라 매력적인 곳으로 인도되어
바다의 파도로 아직도 몹시 초췌한
돛과 돛대 가득한 다리를 보고 있는데,
공기 중에 떠다니는 초록빛 타마린드 향이
콧구멍을 부풀리고 내 영혼은
뱃사람들의 노래에 뒤섞인다.

Parfum exotique

Quand, les deux yeux fermés, en un soir chaud d'automne,
Je respire l'odeur de ton sein chaleureux,
Je vois se dérouler des rivages heureux
Qu'éblouissent les feux d'un soleil monotone ;

Une île paresseuse où la nature donne
Des arbres singuliers et des fruits savoureux ;
Des hommes dont le corps est mince et vigoureux,
Et des femmes dont l'oeil par sa franchise étonne.

Guidé par ton odeur vers de charmants climats,
Je vois un port rempli de voiles et de mâts
Encor tout fatigués par la vague marine,

Pendant que le parfum des verts tamariniers,
Qui circule dans l'air et m'enfle la narine,
Se mêle dans mon âme au chant des mariniers.

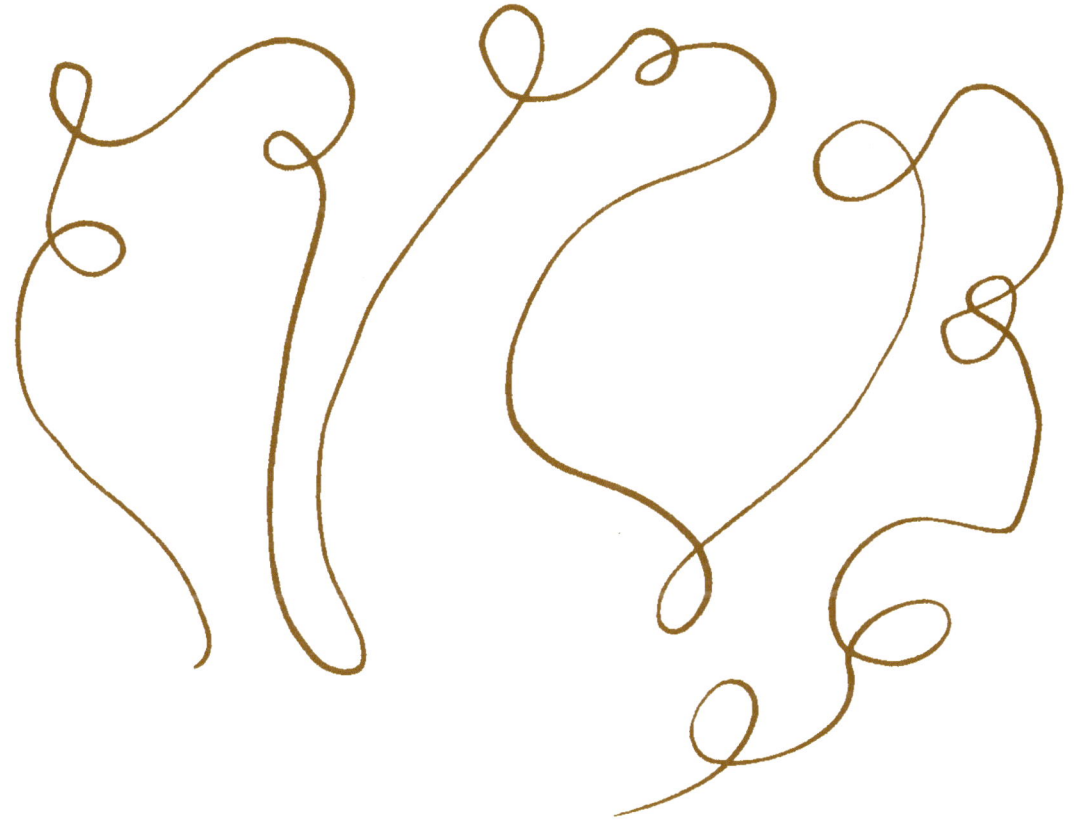

나는 밤의 궁륭만큼이나 너를 숭배한다
Je t'adore à l'égal de la voûte nocturne

나는 밤의 궁륭만큼이나 너를 숭배한다.
오! 슬픔의 항아리여, 오! 말없는 자여,
네가 나를 피할수록 너를 더욱 사랑하고,
무한의 공간속에서 이 밤을 장식하는 그대가
내 팔을 뗄 정도로 시리게 차가운 미소를 짓더라도
너를 더욱 사랑한다.

나는 공격하러 전진하고, 공략하러 기어오른다.
시체를 따르는 벌레 무리처럼.
너를 더 아름다워 보이게 하는 그 냉정함까지
내겐 소중하다, 오 무자비하고 잔인한 짐승이여!

Je t'adore à l'égal de la voûte nocturne

O vase de tristesse, ô grande taciturne,
Et t'aime d'autant plus, belle, que tu me fuis,
Et que tu me parais, ornement de mes nuits,
Plus ironiquement accumuler les lieues
Qui séparent mes bras des immensités bleues.

Je m'avance à l'attaque, et je grimpe aux assauts,
Comme après un cadavre un chœur de vermisseaux,
Et je chéris, ô bête implacable et cruelle,
Jusqu'à cette froideur par où tu m'es plus belle!

너는 침대 곁에 온 우주를 둘 것이다
Tu mettrais l'univers entier dans ta ruelle

너는 침대 곁에 온 우주를 둘 것이다.
부정한 여인! 권태가 너의 영혼을 잔인하게 만든다.
그 특이한 놀이에서 네 이빨을 시험해보려면
이빨 하나에 마음 하나씩 날마다 필요하다.
공공축제에서 번쩍거리는 삼각촛대들이나
상점처럼 환하게 빛나는 네 두 눈은
아름다움의 법칙을 전혀 알지 못한 채,
빌려온 권력을 건방지게 사용하는구나.

풍요한 잔인성으로 형성된 귀먹고 눈먼 기계!
구원의 도구, 세계의 흡혈귀, 너는 어찌
부끄럽지 않은 것이냐. 모든 거울 앞에서
네 매력이 퇴색되는 것을 너는 어찌 못 본 것이냐.
네 스스로 박식하다고 믿는 그 심각한 해악이 너로 하여금
끔찍해하며 뒤로 물러서게 한 적이 없는 것이냐.

오! 여인이여, 오! 죄악의 여왕이여,
자연이라는 음흉한 이가 너를, 비천한 동물인
너를 이용하여 한 천재를 무너뜨리는구나.

오 치욕스런 위대함, 숭고한 비열함이로다!

Tu mettrais l'univers entier dans ta ruelle

Tu mettrais l'univers entier dans ta ruelle,
Femme impure! L'ennui rend ton âme cruelle.
Pour exercer tes dents à ce jeu singulier,
Il te faut chaque jour un cœur au râtelier.
Tes yeux, illuminés ainsi que des boutiques
Ou des ifs flamboyants dans les fêtes pu-
bliques,
Usent insolemment d'un pouvoir emprunté,
Sans connaître jamais la loi de leur beauté.

Machine aveugle et sourde en cruauté féconde!
Salutaire instrument, buveur du sang du monde,
Comment n'as-tu pas honte, et comment n'as-tu pas
Devant tous les miroirs vu pâlir tes appas?
La grandeur de ce mal où tu te crois savante
Ne t'a donc jamais fait reculer d'épouvante,
Quand la nature, grande en ses desseins cachés,
De toi se sert, ô femme, ô reine des péchés,
– De toi, vil animal, – pour pétrir un génie?

O fangeuse grandeur, sublime ignominie!

그러나 만족하지는 못하는
Sed non satiata

사향과 여송연이 섞인 향이 풍기는
밤처럼 거무스름한 이상한 신(神),
대초원의 파우스트 마법사의 작품,
흑단 같은 허리의 마녀, 깜깜한 한밤의 아이,

내가 신념보다, 마약보다, 밤들보다
사랑이 으스대는 네 입의 묘약을 더 좋아하고,
내 욕망이 너를 향해 줄지어 떠날 때,
너의 눈은 내 권태가 해갈되는 저수지라네.

네 영혼의 채광창, 그 커다랗고 검은 눈으로
불길을 내쏘지 마라, 동정 없는 악마여!
나는 너를 아홉 번씩이나 포옹할 스틱스 강이 아니라네.
아아! 방탕한 악녀여, 나는
네 용기를 꺾고, 궁지에 몰아넣어 지옥 같은
네 침대에서 페르세포네*가 되게 할 수 없다네!

* 제우스와 데메테르 사이에 태어난 딸로서, 계절의 여신이다.

Sed non satiata

Bizarre déité, brune comme les nuits,
Au parfum mélangé de musc et de havane,
Œuvre de quelque obi, le Faust de la savane,
Sorcière au flanc d'ébène, enfant des noirs minuits,

Je préfère au constance, à l'opium, au nuits,
L'élixir de ta bouche où l'amour se pavane;
Quand vers toi mes désirs partent en caravane,
Tes yeux sont la citerne où boivent mes ennuis.

Par ces deux grands yeux noirs, soupiraux de ton âme,
O démon sans pitié, verse-moi moins de flamme;
Je ne suis pas le Styx pour t'embrasser neuf fois,
Hélas! et je ne puis, Mégère libertine,
Pour briser ton courage et te mettre aux abois,
Dans l'enfer de ton lit devenir Proserpine!

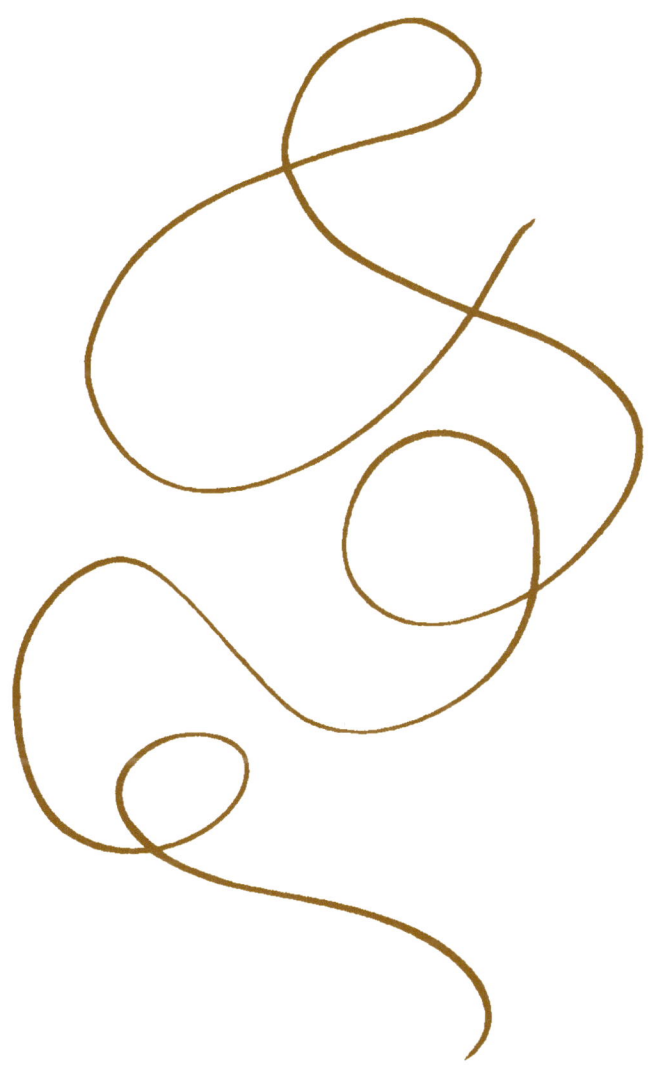

너울거리는 진줏빛 옷을 입고 있어서
Avec ses vêtements ondoyants et nacrés

너울거리는 진줏빛 옷을 입고 있어서,
그녀는 걸을 때마저도 춤추는 것 같다.
성스런 곡예사들이 박자에 맞춰
흔들어대는 막대기 끝의 긴 뱀들처럼.

인간의 고통에는 아랑곳하지 않는
음울한 모래와 사막의 창공처럼,
출렁거리는 파도의 기다란 그물들처럼,
그녀는 무심하게 펼쳐진다.

매끄러운 눈은 매혹적인 광물들로 이루어졌고,
침해되지 않은 천사가 고대의 스핑크스와 섞이는
그 이상하고 상징적인 자연 속에서,

모든 것이 황금, 강철, 빛, 다이아몬드이고,
불같은 여인의 냉랭한 위엄이 쓸데없는 별처럼
영원히 반짝이는 자연 속에서.

Avec ses vêtements ondoyants et nacrés

Avec ses vêtements ondoyants et nacrés,
Même quand elle marche, on croirait qu'elle danse,
Comme ces longs serpents que les jongleurs sacrés
Au bout de leurs bâtons agitent en cadence.

Comme le sable morne et l'azur des déserts,
Insensibles tous deux à l'humaine souffrance,
Comme les longs réseaux de la houle des mers,
Elle se développe avec indifférence.

Ses yeux polis sont faits de minéraux charmants,
Et dans cette nature étrange et symbolique
Où l'ange inviolé se mêle au sphinx antique,

Où tout n'est qu'or, acier, lumière et diamants,
Resplendit à jamais, comme un astre inutile,
La froide majesté de la femme stérile.

향수
Le parfum

독자여, 가끔씩 당신은
교회를 채우는 미세한 향이나 찌든 사향주머니의 향기를,
취기에 젖어 천천히 탐욕스럽게
들이마신 적이 있는가?

복원된 과거가 현재 속에서 우리를
도취시키는 깊고도 마술적인 매력!
연인은 추억의 매혹적인 꽃을
그렇게 숭배하는 몸에서 따낸다.

살아있는 향기주머니, 규방의 향로인
묵직하고 유연한 머리타래로부터
원시적이고 야수적인 향기가 올라왔다.

그녀의 순수한 젊음이 푹 배어든
모슬린이나 벨벳 옷에서
모피 향이 풍겨났다.

Le parfum

Lecteur, as-tu quelquefois respiré
Avec ivresse et lente gourmandise
Ce grain d'encens qui remplit une église,
Ou d'un sachet le musc invétéré?

Charme profond, magique, dont nous grise
Dans le présent le passé restauré!
Ainsi l'amant sur un corps adoré
Du souvenir cueille la fleur exquise.

De ses cheveux élastiques et lourds,
Vivant sachet, encensoir de l'alcôve,
Une senteur montait, sauvage et fauve,

Et des habits, mousseline ou velours,
Tout imprégnés de sa jeunesse pure,
Se dégageait un parfum de fourrure.

저녁의 화합

Harmonie du soir

꽃들이 줄기 위에서 저마다 떨며
향로처럼 증발하는 계절이 오고,
소리들과 향기들이 저녁 공기 속에 감돌고 있으니,
우수와 번민에 찬 왈츠를 추라!

꽃들이 저마다 향로처럼 증발하고,
바이올린이 상처 받는 마음처럼 떨고 있으니,
우수와 번민에 찬 왈츠를 추라!
하늘은 큰 안치소처럼 처량하고 아름답다.

상처 받는 마음, 방대하고 컴컴한 무(無)를
증오하는 다정한 마음처럼, 바이올린이 떨고 있다!
하늘은 큰 안치소처럼 처량하고 아름다우며,

태양은 하늘의 핏속에 빠져 피가 응고되고 있다.
방대하고 컴컴한 무(無)를 증오하는 다정한 마음,
번쩍이는 과거의 모든 잔해를 거두어준다!
태양은 하늘의 핏속에 빠져 피가 응고되고 있는데...
네 추억은 내 안에서 성체현시대(聖體顯示臺)처럼 번쩍거린다!

Harmonie du soir

Voici venir les temps où vibrant sur sa tige
Chaque fleur s'évapore ainsi qu'un encen-
soir ;
Les sons et les parfums tournent dans l'air
du soir ;
Valse mélancolique et langoureux vertige !

Chaque fleur s'évapore ainsi qu'un encensoir ;
Le violon frémit comme un coeur qu'on afflige ;
Valse mélancolique et langoureux vertige !
Le ciel est triste et beau comme un grand reposoir.

Le violon frémit comme un coeur qu'on afflige,
Un coeur tendre, qui hait le néant vaste et noir !
Le ciel est triste et beau comme un grand reposoir ;
Le soleil s'est noyé dans son sang qui se fige.

Un coeur tendre, qui hait le néant vaste et noir,
Du passé lumineux recueille tout vestige !
Le soleil s'est noyé dans son sang qui se fige...
Ton souvenir en moi luit comme un ostensoir !

슬프고 방황하는
Moesta et errabunda

말해보렴, 아가트, 가끔씩 네 마음이
컴컴한 대양 같은 추잡한 도시로부터 멀리,
푸르고 맑고 깊은 처녀성 같고,
광채가 찬란한 다른 대양으로
날아가 버리니?
네 마음이 가끔씩 날아가 버리니, 아가트?

바다여, 광활한 바다여, 우리의 노고를 위로해주라!
거대한 오르간이 으르렁대는 바람들로 반주해주는
쉰 목소리의 가수 바다에게, 어떤 악령이
달래주는 자라는 숭고한 역할을 주었는가?
바다여, 광활한 바다여, 우리의 노고를 위로해주라!

나를 데려가 다오, 기차여! 나를 데려가 다오, 범선이여!
멀리! 멀리! 여기선 진창이 우리의 눈물로 만들어지네!
"회한, 범죄, 괴로움으로부터 날 멀리 데려가, 기차야, 범선아!"
아가트의 슬픈 마음이 때때로 그리 말하는 게 정말이니?

향기로운 낙원, 그대는 어찌나 멀리 있는지!
화창한 쪽빛 아래 모든 것이 그저 사랑과 기쁨일 뿐이고,
사람들이 사랑하는 모든 것이 정녕 사랑 받을 만하고,
순수한 쾌락 속에 마음이 푹 빠지는
향기로운 낙원, 그대는 어찌나 멀리 있는지!

하지만 어린애 사랑의 초록빛 낙원,
달리기, 노래, 입맞춤, 꽃다발,
구릉 뒤에서 진동하는 바이올린들,
저녁 수풀 속에서 포도주병과 함께,
— 하지만 어린애 사랑의 초록빛 낙원,

은밀한 즐거움들로 가득한 순수한 낙원,
벌써 인도보다 중국보다 더 멀리 있는 건가?
은밀한 즐거움들로 가득한 순수한 낙원을
탄식의 외침들로 다시 불러들여서
낭랑한 소리로 다시 활기 띠게 할 수 없는 걸까?

Moesta et errabunda

Dis-moi, ton coeur parfois s'envole-t-il, Agathe,
Loin du noir océan de l'immonde cité,
Vers un autre océan où la splendeur éclate,
Bleu, clair, profond, ainsi que la virginité ?
Dis-moi, ton coeur parfois s'envole-t-il, Agathe ?

La mer, la vaste mer, console nos labeurs !
Quel démon a doté la mer, rauque chanteuse
Qu'accompagne l'immense orgue des vents grondeurs,
De cette fonction sublime de berceuse ?
La mer, la vaste mer, console nos labeurs !

Emporte-moi, wagon ! enlève-moi, frégate !
Loin ! loin ! ici la boue est faite de nos pleurs !
– Est-il vrai que parfois le triste coeur d'Agathe
Dise : Loin des remords, des crimes, des douleurs,
Emporte-moi, wagon, enlève-moi, frégate ?

Comme vous êtes loin, paradis parfumé,
Où sous un clair azur tout n'est qu'amour et joie,

Où tout ce que l'on aime est digne d'être aimé,
Où dans la volupté pure le coeur se noie !
Comme vous êtes loin, paradis parfumé !
Mais le vert paradis des amours enfantines,
Les courses, les chansons, les baisers, les bouquets,
Les violons vibrant derrière les collines,
Avec les brocs de vin, le soir, dans les bosquets,
– Mais le vert paradis des amours enfantines,

L'innocent paradis, plein de plaisirs furtifs,
Est-il déjà plus loin que l'Inde et que la Chine ?
Peut-on le rappeler avec des cris plaintifs,
Et l'animer encor d'une voix argentine,
L'innocent paradis plein de plaisirs furtifs ?

베르트의 눈

Les yeux de Berthe

내 아이의 아름다운 눈, '밤'처럼 부드럽고
알 수 없이 좋은 그 무엇이 새어나와 도망치는,
그 유명한 눈을 당신은 무시할 수 있다!
아름다운 눈이여, 너의 매력적인 암흑을 내게 부어라!

열렬히 사랑 받는 비밀, 내 아이의 커다란 두 눈,
가사상태의 그림자 무더기 뒤에서,
숨겨진 보물들이 어렴풋이 반짝거리는
그 마법의 동굴들과 참으로 닮았구나!

방대한 밤이여, 너처럼 환히 밝혀지고,
너처럼 어둡고 깊고 방대한 눈을 내 아이는 가졌다!
그 눈의 불길은 쾌락적이고 정숙한 신앙이 깃들어 있고,
깊숙한 데서 반짝반짝 빛나는 사랑에 관한 생각들이다.

Les yeux de Berthe

Vous pouvez mépriser les yeux les plus célèbres,
Beaux yeux de mon enfant, par où filtre et s'enfuit
Je ne sais quoi de bon, de doux comme la Nuit !
Beaux yeux, versez sur moi vos charmantes ténèbres !

Grands yeux de mon enfant, arcanes adorés,
Vous ressemblez beaucoup à ces grottes magiques
Où, derrière l'amas des ombres léthargiques,
Scintillent vaguement des trésors ignorés !

Mon enfant a des yeux obscurs, profonds et vastes
Comme toi, Nuit immense, éclairés comme toi !
Leurs feux sont ces pensers d'Amour, mêlés de Foi,
Qui pétillent au fond, voluptueux ou chastes.

여기서 아주 멀리
Bien loin d'ici

바로 여기가 신성한 오두막,
한껏 치장하고 조용하며
늘 준비된 그 여자애가

한 손으로는 제 가슴에 부채질하고,
팔꿈치는 쿠션들 속에 파묻으며,
연못이 우는 소리를 듣고 있는 곳,

바로 도로테의 방,
— 멀리서 산들바람과 물이
흐느끼듯 노래를 거칠게 부르며
그 버릇없는 아이를 달래고 있다.

위에서부터 아래까지 아주 정성스럽게
안식향의 향기로운 기름으로
그녀의 섬세한 피부를 매만졌다.
— 꽃들이 구석에서 몽롱해 있다.

Bien loin d'ici

'est ici la case sacrée
Où cette fille très parée,
Tranquille et toujours préparée,

D'une main éventant ses seins,
Et son coude dans les coussins,
Ecoute pleurer les bassins ;

C'est la chambre de Dorothée.
– La brise et l'eau chantent au loin
Leur chanson de sanglots heurtée
Pour bercer cette enfant gâtée.

Du haut en bas, avec grand soin,
Sa peau délicate est frottée
D'huile odorante et de benjoin.
– Des fleurs se pâment dans un coin.

작품 해설

앙리 마티스의 그림,
그리고 샤를 보들레르의 시

　앙리 마티스는 1869년 12월 31일 프랑스 북부에 있는 카토-캉브레지에서 태어났다. 화가이자 조각가, 그리고 야수파의 기수로 평가받는 마티스가 미술에 대한 열정에 눈뜨게 된 것은 19살쯤이었다. 그 즈음 그는 서기로 일하고 있었는데, 맹장염 수술 후 긴 회복기를 보내는 동안 그림에 입문한다. 그는 당시 안정된 미래를 위해 상당수 젊은이들이 그랬듯 법학 공부를 위해 파리로 갔으나(1887~1889), 그림에 대한 열정이 너무 강하여 1891년 학업을 그만둔다. 그리고 관학풍의 화가 윌리엄-아돌프 부그로의 아틀리에에서 그림 공부를 하다가 얼마 후 이곳을 떠나 미술학교에 있던 귀스타브 모로의 가르침을 받는다. 당시 마르케, 루오, 망갱이 이미 모로와 함께 작업하고 있었다.
　마티스의 초기 작품들은 상당수가 정물화나 풍경화로 어두운 분위기를 띤다. 하지만 해안 도시들이 아름다운 브르타뉴 지방에서 휴가를 보내고 난 뒤부터는 색조가 달라진다. 화폭에는 햇빛에 물들고 너울거리는 천을 두른 인물들이 그려지고, 활기가 감돈다. 인상주의 화가들에게서 영향을 받은 그는 그림에 빛을 부여하기 위해 다양한 스타일과 기법을 시험해본다. 브르타뉴 체류 기간에 마티스는 빛의 효과를 살리려 애썼던 인상주의자들의 묘사를 더 잘 이해하게 된 것이다. 그는 특히 마네, 세잔, 쇠라, 시냐크의 작품들에서 깊은 인상을 받았고, 1898년에는 세잔의 1890~1892년 작품인 《미역 감는 여인들》을 구매하기도 한다.

그러다가 1898년에 코르시카 여행을 한 이후로 선명하고 강렬한 색감의 그림을 그려야겠다는 생각이 굳어진다. 파리로 돌아온 마티스는 몇 군데 아틀리에에서 작업하다가 드랭, 장 퓌, 라프라드 등과 알게 되고, 1904년 여름에는 생-트로페 해안에서 지내다가 점이나 짧은 선을 이용하는 새로운 테크닉인 점묘법을 알게 된다. 그리고 1905년에는 프랑스 남부지방에 다른 데서는 볼 수 없는 특별한 색깔들과 빛이 있다고 여겨 이를 연구하기 위해 드랭과 함께 남부지방을 여행한다. 그 여름 동안 마티스는 단일 색조의 순수한 색깔들을 이용하여 아라베스크 식으로 묘사한 풍경화들을 그린다.

1905년 가을 살롱전에서 마티스는 이 새로운 작품들을 선보였는데, 난폭하다는 평을 듣는다. 그의 작품들은 순수한 색깔을 추구하는 다른 화가들, 즉 드랭, 망갱, 뒤피, 마르케 등의 작품들과 같은 전시실에 전시돼 있었다. 이미 입체파라는 명칭의 창시자였던 미술비평가 루이 보셀은 이 전시실을 《야수들의 우리》라고 칭했고 이때부터 이 미술가들은 《야수들》이라고 불렸다. 색깔을 원시적으로 사용하고, 주제의 성격이 야만적인 점에 대해 당시의 관람객들은 놀라지 않을 수 없었다. 그 화가들은 오늘날에도 여전히 《야수파》라고 불리지만, 이제는 애초의 경시적인 뉘앙스는 사라졌다.

1907년, 앙리 마티스와 파블로 피카소는 친구가 되어 자주 만나고, 그림도 교환한다. 친구이자 경쟁자였던 이 두 화가가 20세기의 미술을 바꾸어놓는다고 해도 과언이 아닐 것이다. 한편, 마티스는 피카소와 이렇게 가까운 사이였지만 입체파가 아니었고, 인상주의에게서 큰 영향을 받긴 했으나 인상주의자도 아니고 신인상주의자도 아니다. 그는 그 유파들에게 찬사를 보내고 그들의 기법들을 실험해보기는 했으나, 결국에는 자기 고유의 스타일을 창조해낸다. 그의 예술은 폴 고갱, 폴 세잔, 반 고흐에게서도 큰 영향을 받는다. 정물화나 벗은 여인들의 그림들은 그 세 화가의 따뜻한 색조를 수용한다. 그는 색깔과 형태들을 탁월하게 사용하여 그림에 감정을 담을 줄 아는 위대한 화가였다.

마티스의 후원자(메세나) 중 하나인 세르게이 슈슈킨은 파리에 정기적으로 와서 마티스의 화실에 있는 모든 작품을 구매하여 러시아로 가져갔다. 부유한 기업가였던 그는 모스크바에 큰 저택을 소유하고 있어서 마티스에게 음악과 춤을 주제로 벽화 두 점을 그려달라고 주문한다. 그래서 마티스는 모스크바까지 가기도 했다. 그러다가 제1차 세계대전이 터졌을 때 그의 나이는 45세였다. 전쟁터로 싸우러 나가기에는 너무 많은 나이여서 그는 파리를 떠나 니스로 가기로 결정한다. 그의 화풍과 색깔 사용은 그 황금빛 해안에서 그 특징이 더 강화된다.

그런데 1941년에 암 수술을 받은 후에는 더 이상 그림을 그릴 수가 없었기에 작업대 앞에서 그저 몹시 괴로워하곤 한다. 그 때 그는 그 유명한 종이 오리기를 창안해내서 침대나 소파에서 다른 이의 도움을 받으며 그 작업을 해낸다. 조수들이 강렬한 색깔이 칠해진 구아슈(고무수채화법)로 종이에 채색을 하면, 그가 그 종이들을 오려서 화폭에 붙여놓았다. 이 테크닉을 통해 추상적이고 단순한 스타일을 실험해보고 이 새로운 양식을 좋게 여긴다. 그

종이 오리기를 하면서 이전에 그림이나 조각을 할 때보다 더 충만감을 느꼈다고 공언하기까지 한다. 강렬한 색종이 조각들을 조합하는 가운데 데생은 색깔이 되고, 색깔은 입체가 되었다. 그는 죽을 때까지 이 종이오리기 기법을 이용한다.

마티스가 보들레르의 시들을 그림으로 표현하게 된 것은 1930년대 초에 리옹 시 애서가협회가 마티스에게 연락하여 요청한 것이 계기가 되었다. 이전 해인 1929년에 폴 발레리가 어느 강연회에서 보들레르를 예찬하여 대중에게 이 시인의 가치를 부각시키고 지명도를 높여놓은 터라 마티스도 시인 보들레르에 대해 알고 있었다. 그런데 보들레르의 시를 위한 마티스의 작업은 곧바로 진행되지 않고 제2차 세계대전 때까지는 그저 아이디어에 머물러 있었다. 그러다가 파리 점령기 말 무렵에 작가 루이 아라공의 도움으로 마티스는 드디어 이 작업에 전념하게 되었고, 이 계획이 실현된 것은 1947년이었다. 그리고 이 판본은 얼마 전에 프랑스에서 재판 출간되었다.

마티스는 이미 말라르메, 몽테를랑, 롱사르, 샤를 도를레앙 등의 작가들의 문학 텍스트를 그림으로 표현한 바 있고, 평생에 십여 작가의 문학작품들을 그림으로 재현했다. 다른 한편, 보들레르의 시는 다른 화가들에 의해서도 이미 미술작품이나 사진으로 표현된 적이 꽤 있었다. 예를 들어 오귀스트 로댕, 조르주 로슈그로스, 로벨-리슈, 조르주 루오 등이 시도했던 바다.

그런데 마티스 이전에는 대부분의 작품에 보들레르의 시들에 담긴 어두운 에로티즘이 강조되어 대체로 그 어두움에서 크게 벗어나지 않는 색조들로 그려지고, 거기서 표현된 에로티즘은 때때로 난폭하기까지 할 정도로 적나라하다. 애초의 시는 오히려 예의바르게 은유와 상징이라는 옷을 갖춰 입어서 에로티즘이 얇은 옷에 비치듯 또는 옷 사이로 살짝 드러나듯 웬만한 독자들이면 감당할 만한 수준인데(검열기관에서 제재를 당한 작품들이 여럿 있기는 했어도), 마티스 이전의 미술가들이 재현해놓은 보들레르의 에로티즘은 옷을 난폭하게 벗겨낸 것 같은 느낌을 준다. 아마도 보들레르의 시에서 느껴지는 강렬함이나 그가 표현해는 비극적 인간 조건을 그렇게 구현해낸 것이리라.

  마티스도 그들처럼 예술적인 재현을 시도한 것은 동일하나, 그의 그림들은 간결하고 산뜻하며 상냥하다. 최근의 판본에 붙여진 부제(이 또한 보들레르의 시에서 발췌된 표현)처럼 거기서는 모든 것이 질서이고 아름다움일 뿐이며, 호사스러움, 고요함, 관능이다. 마티스가 그린 여인들에서는 앞서의 미술적 재현들에서처럼 욕망의 혼란이 아니라 평온함이 느껴진다. 보들레르의 그 많은 시들 중에서 마티스가 33편을 선택했을 때, 그 선택 속에도 그런 면이 내포되어 있을 것이다.

  1954년 11월 3일에 사망한 마티스의 작품들은 현재 두 박물관에 소장되어 있다. 니스의 마티스 박물관과 그가 태어난 곳인 카토-캉브레지에 있는 마티스 박물관이다. 마티스는 1925년에 미술세계에 공헌했다는 이유로 레지옹도뇌르 훈장을 받기도 했다.

이효숙

샤를 보들레르 연보

1821년 4월 9일 샤를-피에르 보들레르라는 이름으로 파리 생제르맹 대로의 모퉁이에 있는 오트 푀이으 거리에서 태어났다. 이 대로를 설계할 때 그의 생가는 허물어졌는데, 현재는 아셰트 출판사가 자리 잡고 있다. 6월 7일, 생 쉴피스 성당에서 세례를 받는다.

1827년 아버지가 사망한다. 어머니는 파리에 머물렀지만, 날씨가 좋은 계절에는 샤를과 함께 파리 근교인 불로뉴 숲 근처 뇌이이의 작은 집에서 지냈다.

1828년 11월에 어머니가 오피크라는 장교와 재혼한다.

1832년 샤를은 어머니와 함께 리옹으로 가서 들로름 기숙학교에 들어갔다가 이후 리옹 왕립중학교 기숙생으로 들어간다.

1836년 오피크가 대령으로 승진하고 제1사단에 배속되어, 어머니는 릴에 거주하게 된다. 샤를 보들레르는 파리의 루이 르 그랑 중학교에 기숙생으로 들어간다. 몇 달 후 그는 라틴어 시 부문에서 차석으로 상을 받는다.

1837년 샤를은 이번에도 라틴어 시로 2등 상을 받는다.

1838년 문학을 열렬히 찬미하기 시작한 샤를은 특히 빅토르 위고의 극작품과 시, 생트 뵈브의 《관능》을 찬미했고, 으젠느 쉬에 대해서는 비판적 시선을 보이기도 했다.

1839년 4월, 수업시간에 한 급우가 전달하라고 준 쪽지를 전달하지 않은 일이 발단이 되어 루이 르 그랑 중학교에서 쫓겨난다. 이어 라제그 기숙학교에 들어간다. 8월, 바칼로레아를 통과하고, 같은 날 의붓아버지 오피크는 여단장에 임명된다. 같은 해 11월, 보들레르는 법과대학에 등록한다. 하지만 그의 자유로운 생활로 말미암아 가을에 성병에 감염된다.

1840년 오피크가 파리에 주둔하는 제2보병연대의 사령관에 임명된다. 보들레르는 《마리옹 들로름》 공연을 보고 나서 빅토르 위고에게 열렬한 찬사의 편지를 쓴다.

1841년 양아들 샤를의 방탕한 생활이 염려된 오피크는 가족회의를 열어서 보들레르가 파리에서 벗어나도록 여행을 보낸다. 그래서 보들레르는 6월 보르도에서 배를 타고 캘커타로 향한다. 그런데 배가 심한 태풍을 만나서 9월 1일 모리셔스 섬에 기항하고, 이 때 보들레르는 오타르 드 브라가르의 집에서 묵는다. 9월 18일, 그는 모리셔스 섬을 떠나 다음날 부르봉 섬(현재의 라 레위니옹 섬)에 도착한다. 여행을 계속하지 않기로 결정한 보들레르는 캘커타 행 선박을 타지 않는다. 10월에 오타르 드 브라가르의 아내를 위한 소네트 《어느 크레올 부인에게》를 쓴다. 11월에 프랑스로 돌아온다.

1842년 성년이 되어 친아버지의 유산인 금화 10만 프랑을 받게 되는데, 이 돈의 절반을 단 2년 만에 탕진한다. 5월에는 잔느 뒤발과 알게 된다.

1843년 G. 르 바바쇠르, 에르네스트 프라롱, A. 아르곤 등의 가명으로 《시 구절들》이라는 모음집을 출간한다. 이어서 이런 저런 정기간행물에 기고를 하는데, 받아들여지기도 하고 거절당하기도 한다.

1844년 보들레르의 어머니가 아들 샤를의 낭비벽에 질려서 남편의 제안에 따라 후견인 선정을 목적으로 소송 절차를 밟는다. 7월 14일에는 국방의 의무를 저버린 데 대해 72시간의 감금형을 판결받고 수감된다. 같은 시기에 《두 세계》지에서 《양치기의 집》이 발표된다. 9월에 후견인이 정해지는데 이때부터 그는 매달 일정한 돈을 법적후견인인 공증인 앙셀로부터 받게 되고, 어머니에게 도움을 요청하는 일도 잦아진다. 12월부터 1846년 1월까지 《예술가》지에 다섯 편의 소네트를 발표하는데, 네 편은 프리바 당글르몽이라는 가명으로, 한 편은 익명으로 발표한다.

1845년 5월 중순에 《1845년의 살롱》이 출간되고 5월 25일《예술가》지에 《어느 크레올 부인에게》가 발표된다. 같은 해 6월 30일, 후견인 앙셀에게 자살 의도를 알리고, 자기가 빚진 것을 모두 갚은 후 자기 소유의 모든 것을 잔느 뒤발에게 물려준다는 유언장을 쓴다. 11월 《해적 사탄》지에 보들레르의 세태 풍속에 관한 글 《재능이 있을 때는 자기 빚을 어떻게 갚는가》가 게재된다.

1846년 4월에 《공적 정신》지에 《젊은 문인들에게 주는 충고》를 싣는다. 6월에 에드거 앨런 포의 《모르그 가의 살인 사건》의 번안 작품을 《사법 책력에서 유례가 없는 살해》라는 제목으로 《라 쿼티디엔느》지에 G. B. 귀스타브 브루넷이라는 가명으로 싣는다. 9월에 《지옥에 간 동 쥐앙》이 《예술가》지에 실린다.

1847년 《문학인들의 동인지》에 《라 팡파를로》를 발표한다. 4월에 오피크가 장군(소장)이 되고 11월에는 에콜 폴리테크니크의 사령관에 임명된다. 같은 해 12월, 보들레르는 어머니와 사이가 틀어져서 루브르의 살롱에서 만나자고 한다. 그 해에 사실주의 화가 쿠르베가 보들레르의 초상화를 그린다. 이 초상화는 현재 프랑스 몽펠리에 미술관에 소장되어 있다.

1848년 자유주의자들과 공화주의자들이 파리 시민들을 부추겨서 촉발된 '2월 혁명'에서 보들레르도 거리로 나선다. 이 혁명으로 인해 제2공화정이 들어선다. 보들레르가 뷔시 가의 사거리에서 손에 총을 쥔 채로 "오피크 장군을 총살시키러 가야 한다!"고 여러 차례 외치는 일이 발생한다. 같은 해 4월부터 두 달간 온건사회주의 신문인 《국가 논단》의 편집기자가 된다. 10월, 샤토루에 있는 《앵드르의 대표》지의 편집장이 되지만, 이 온건한 잡지의 다른 운영자들과 의견 충돌이 잦아진다.

보들레르가 자신의 정신적인 쌍둥이이자 사상적 스승으로 여기는 미국 작가 에드거 앨런 포의 작품들을 번역하기 시작한다. 번역서들을 출간하기(1856-1865)에 앞서 포에 관한 연구를 여러 잡지에 발표한다. 당시 단역배우였던 잔느 뒤발과의 요란한 연애와 변함없는 우정을 나누는 친구들이 있음에도 불구하고 고독감이 점점 커져가는 것을 느끼며 괴로워한다. 유산 관리에서 다달이 들어오는 돈은 늘 부족하고, 돈벌이는 드물어진다. 빚쟁이들에게 쫓겨서 거주지를 끊임없이 옮긴다. 물질적인 어려움과 정신적,

신체적 고통이 그를 지치게 만든다.

1849년 테오필 고티에와 친분을 쌓는다.

1851년 《민중의 공화국》지에 《포도주의 혼》을 발표한다.

1852년 3월에 잔느가 그의 행복에 방해가 되자 헤어지기로 결심한다. 같은 해 12월 사바티에 부인에게 그녀를 위해 쓴 시들 중 첫 번째인 《너무 명랑한 그녀에게》를 익명으로 보낸다. 이후에도 1854년 5월까지 간헐적으로 계속 보낸다.

1853년 에드거 앨런 포의 《더 레이븐》을 번역해서 《예술가》에 싣는다. 오피크는 상원위원이 된다. 5월에 빚을 져서 매춘부들의 집에서 은신한다.

1854년 마리 도브룅과 잠시 사랑하게 된다. 호텔을 전전하며 사는 아들의 무질서한 생활에 화가 치민 어머니에게 잔느 뒤발이나 마리 도브룅과 동거를 하게 될 거라고 선언한다.

1855년 파리 만국박람회 때 국제적인 미술전시회가 개최되는데, 심사위원단이 쿠르베의 작품들을 거부한다. 그 작품들에는 보들레르가 그려진 《아틀리에》라는 작품도 들어 있었다. 쿠르베는 자신의 작품들을 미술전시장에서 가까운 곳에 있는 가건물에 전시했고 이는 사실주의를 둘러싼 논쟁들의 발현이 되었다. 이 기회에 보들레르는 사실주의에 관한 에세이 《사실주의가 있기 때문에》를 써서 사실주의 운동과 결별한다. 같은 해 6월, 《두 세계》지에서 그 때까지 발표되지 않은 시 18편을 《악의 꽃》이라는 제목으로 발표한다. 8월에 마리 도브룅을 추천하려고 조르주 상드에게 연락을 취했으며, 11월에 어머니에게 잔느와의 14년간의 관계가 또 깨졌다고 편지한다.

1857년 의붓아버지 오피크 장군이 사망했다. 6월에 《악의 꽃》이 판매되기 시작하며 이 모음집에는 발표되지 않았던 시 52편이 실려 있다. 그러나 일간지 〈피가로〉에 《악의 꽃》에 관한 G. 부르댕의 기사가 실리는데, 시의 부도덕한 점을 강조한 내용이었다. 뒤이어 내무부에서 《악의 꽃》을 공중도덕 문란죄로 검찰에 제소한다. 열흘 뒤 검찰은 보들레르와 출판인들에 대한 정보와 도서 압류를 요청한다. 보들레르는 3백 프랑, 출판사는 1백 프랑의 벌금형에 처해지고, 여섯 작품을 제거하라는 명령이 내려진다. 그러는 와중에도 언론매체에 산문시들을 발표하기 시작했고, '인공적인 낙원들'이라는 제목으로 흥분제, 포도주, 마약, 해시시 등에 관한 연구를 발표한다. 예술비평에 관한 기사들과 작품들도 계속 발표한다.

1858년 11월에 보들레르는 호텔을 나와서 잔느의 집에 들어가 산다. 그녀와의 결별은 제대로 이루어진 적이 없었다.

1859년 보들레르는 에드거 앨런 포에 관한 비평들과 주해들을 모아서 한 권으로 펴낼 계획을 세운다.

1860년 보들레르에게 뇌질환이 발병했다. 같은 해 12월, 반신불수가 된 잔느가 살고 있는 뇌이이의 집에 정착한다. 하지만 여기서도 잠시 머물다 갈 뿐이라는 것을 예견한다.

1861년 《유럽 잡지》에 《리하르트 바그너》라는 글을 싣는다. 어머니에게 잔느를 3개월 전부터 못 봤다고 편지를 남긴다. 프랑스학술원의 회원이 되고 싶은 욕구를 드러내며 프랑스학술원에 지원하지만, 학술원에서는 사소한 스캔들로 여긴다. 이를 계기로 알프레드 드 비니와 관계를 맺는다.

1862년 1월 생트 뵈브가 《르 콩스티튜쇼넬》지에 《학술원의 차기 선출》이라는 기사를 싣는데, 여기서 보들레르의 해괴한 짓을 언급한다. 같은 달 말에 보들레르는 《일화적 잡지》에 생트 뵈브의 기사를 분석한 글을 쓰며 그에 대한 찬사를 늘어놓는다. 게다가 잔느가 자기 오빠라고 주장했던 인물이 실은 그녀의 애인이었음을 확인하게 되고 병상에 눕게 된다. 결국 2월이 되어서야 보들레르는 생트 뵈브의 충고에 따라 학술원 지원을 포기한다는 편지를 보낸다. 5월 《르 불바르》지에 《레 미제라블》에 관한 서평을 싣는다.

1862년 《라 프레스》지에 보들레르의 산문시 XV부터 XX까지가 게재된다. 12월에는 같은 잡지에 《어느 이카루스의 탄식》이 실린다.

1863년 《라 프레스》지에 《자정의 점검》이 실린다. 《국민여론》지에 《으젠 들라크루아의 작품과 생애》라는 글을 싣는다.

1864년 자신의 작품 판매 협상을 위해 브뤼셀에 도착한다. 브뤼셀의 예술가 문인 모임에서 들라크루아에 관한 강연들을 한다. 강연을 해서 돈을 벌게 될 것이라는 기대와 자신의 작품 전체를 출판하리라는 희망이 있었지만, 모두 실패하고 벨기에를 몹시 증오하게 되며, 이런 감정을 〈초라한 벨기에〉라는 팸플릿을 통해 표현한다.

1865년 11~12월에 걸쳐 《예술》지에 친구 베를렌이 쓴 보들레르에 관한 기사들이 실린다. 이 열정적인 기사들에 대해 보들레르는 기뻐하기보다는 염려하고 분노한다.

1866년 보들레르의 건강상태가 점점 나빠져서 편지도 직접 쓰지 못하고 구술을 통해서만 가능했으며, 신체의 오른쪽 부분이 마비되고, 급기야 가톨릭 요양원으로 옮겨지지만, 욕설을 일삼는 바람에 다시 호텔로 옮겨진다. 10월에 보들레르의 친구들이 교육부에 그를 위한 연금과 치료 지원을 요청해서 받아들여진다.

1867년 8월 31일에 사망한다. 같은 해 9월 2일에 종교적으로 장례가 치러지고, 파리 몽파르나스 묘지의 가족 무덤에 안장된다.

앙리 마티스 연보

1869년 프랑스 북부 캉브레시에서 태어났다. 부모님은 그림과 곡물 등을 파는 상인이었다. 스무 살 성년이 될 때까지 학교에서 법학 공부를 했다.

1890년 잠시 쉬는 동안 어머니에게 미술 도구를 선물받았고, 데생과 그림을 그리기 시작했다.

1892년 파리로 가서 미술을 공부했고, 인상파 기법과 신인상주의 화풍을 연구했다. 이 후 앙드레 드랭과 함께 새로운 회화 기법을 만들었고, 이후 이들은 야수파로 불리게 된다.

1900년 당시 화가로서 수입이 변변치 못하자 가족을 데리고 프랑스 남부로 내려갔다. 남부의 계절적인 영향을 받아 강렬한 빛의 색감을 살린 그림을 그렸다.

1930년 미국 여행길에 오른다.

1932년 이 시기부터 단순화와 평면화를 그리기 시작했다. 조화롭고 순수하며 평온함이 있는 작품을 만들겠다고 다짐했던 이 시기의 작품은 행복을 염원하는 화풍이 도드라졌고, 심화된 앙리 마티스 미술 인생의 절정기였다.

1954년 프랑스 니스에서 세상을 떠난다. 타계하기 전까지 회화, 조각, 드로잉 작품 등 세계적인 걸작을 발표하며 왕성한 작품 활동을 이어갔다. 대표작으로 〈이카루스〉, 〈모자를 쓴 여인〉, 〈춤〉, 〈붉은 화실〉, 〈폴리네시아 하늘〉, 〈수영장〉 등이 있다. 특히 샤를 보들레르의 시풍을 좋아한 앙리 마티스는 보들레르의 시 33편을 직접 골라 드로잉 작품을 붙였다.

옮긴이 이효숙

연세대학교 불어불문학과를 졸업했다. 프랑스 파리4대학 소르본에서 프랑스문학으로 석·박사학위를 취득했다. 번역한 책으로는 볼테르의 〈자디그〉와 〈랭제뉘〉, 쥘 베른의 〈80일간의 세계일주〉, 자크 아탈리의 〈호모 노마드〉와 〈등대〉, 모렐-앵다르의 〈표절에 관하여〉, 생텍쥐페리의 〈남방 우편기〉(출간 예정) 등이 있다.

악의 꽃
보들레르 × 마티스

초판 1쇄 펴낸 날 2021년 6월 20일
초판 2쇄 펴낸 날 2022년 8월 25일

지은이	샤를 보들레르
그린이	앙리 마티스
옮긴이	이효숙
펴낸이	장영재
펴낸곳	(주)미르북컴퍼니
자회사	더스토리
전 화	02)3141-4421
팩 스	0505-333-4428
등 록	2012년 3월 16일(제313-2012-81호)
주 소	서울시 마포구 성미산로32길 12, 2층 (우 03983)
E-mail	sanhonjinju@naver.com
카 페	cafe.naver.com/mirbookcompany
S N S	www.instagram.com/mirbooks

* (주)미르북컴퍼니는 독자 여러분의 의견에 항상 귀 기울이고 있습니다.
* 파본은 책을 구입하신 서점에서 교환해 드립니다.
* 책값은 뒤표지에 있습니다.